DICCIONARIO DE LOS
SANTOS

El autor

Mario Jiménez Castillo nació en Santa Ana, El Salvador en 1973. Es periodista y se ha dedicado al estudio de la adivinación en sus diferentes formas, entre las que destaca la interpretación de los mensajes oníricos. También ha incursionado en religiones alternativas como la wicca, santería y el candomblé brasilero. Desde la adolescencia mostró gran interés por las ciencias metafísicas, el espiritismo, la reencarnación, la astrología y la teología.

Actualmente vive en California, escribe horóscopos y artículos de carácter esotérico para diferentes periódicos y sitios del internet. Se dedica a dar consejería espiritual en inglés, español y portugués. También escribe letras de canciones y es un fiel practicante del yoga y las danzas ceremoniales.

DICCIONARIO DE LOS
SANTOS

MARIO JIMÉNEZ CASTILLO

Llewellyn Español
Woodbury, Minnesota

PRIMERA EDICIÓN
primera impresión 2008

Coordinación y edición: Edgar Rojas
Diseño de la portada: Gavin Duffy
Diseño interior: Donna Burch
Fotografías cortesía del Departamento de Arte de Llewellyn
Imagen de la Portada: © Mark Strozier/iStockphoto
Ilustraciones del interior © Robert M. Place

La fotografía de la modelo en la portada es utilizada sólo con propósitos ilustrativos, y no representa o confirma el contenido de esta obra.

Biblioteca del Congreso. Información sobre esta publicación (Pendiente).
Library of Congress Cataloging-in-Publication Data (Pending).

ISBN: 978-0-7387-1281-9

Llewellyn Español
Una división de Llewellyn Worldwide, Ltd.
2143 Wooddale Drive, Dpto. 978-0-7387-1281-9
Woodbury, MN 55125, U.S.A.
www.llewellynespanol.com

Impreso en los Estados Unidos de América

Dedicatoria

Dedico esta obra a todos aquellos que sienten en su corazón la fe en Dios, el amor de Jesucristo, la devoción a la Virgen María y la veneración a los santos.

En honor a mis abuelos, Francisco Jiménez Castillo, Gladis Morales Lucero, João Almeida Sant'Angello y Ana Ábrego Umanha.

Este libro es para William Maples.

Welcome to DCPL!
You checked out the following
items:

....

1. Diccionario de los
   santos
   Barcode:
   39872001476453 Due:
   08/14/2012 11:59 PM
2. Aprendamos ingles
   diccionario ilustrado
   Barcode:
   39872000919602 Due:
   08/14/2012 11:59 PM

MOCKSVILLE 2012-07-24
13:26

*"Where inquisitive minds
come to know and grow."*

Contenido

Agradecimientos

A mis padres, Nitzuga Jiménez y Guadalupe Ábrego, por haberme inculcado la fe cristiana inalterable que ahora profeso.

A mi hermana Karla Jiménez, por ser la mejor hermana.

A mi hermano Orlando Recinos, por saber ayudar en momentos difíciles.

A mi sobrino Jorge Rivas, por ser un joven lleno de fe.

A mi mejor amiga Martha Elena Graniello, gracias por tanto y por todo.

Quiero agradecer la colaboración especial de mi buena amiga Alessandra Ferguson.

A mis amigas, verdaderos tesoros, Priscila Moncada, Isela Cabrales, Carolina Díaz e Imelda Morán.

A Palmira Macías y a todo el personal de la tienda "De La Rosa Imports", en San José, California. A la "Casa del libro", en San Francisco, California.

Un agradecimiento especial a Eva Palma Zúñiga de Llewellyn Español. Gracias por tu paciencia, visión profesional y por confiar en mi trabajo.

A los periodistas y a los medios que me han brindado su apoyo en momentos propicios.

A Hilbert Morales, Betty Morales, Mónica Amador, Rosario Vital, Jaime Larios y Wilson Barrios del semanario "El Observador" de San José, California.

A Don Francisco de *Univisión*, Roberto Hugo Preza de *Azteca América*, Blanca Garza y Ramón Diaz de *Telemundo*, *Canal 48* y *NBC*.

A Marina Hinestrosa y al *Mercury News* de San José.

A Evelyn Conte de *1190 AM*, *WPSP* radio.

A *Aquí Contigo*, en West Palm Beach.

Agradecimientos

También agradezco a Jeannette Cienfuegos, a *El Diario de Hoy* y al *Canal 12* de El Salvador.

Asimismo, doy las gracias al *Jornal de Chamberry* de España, al *Círculo de Lectores* de Colombia, al *Club Mosaico*, a *Hola Hoy* de Nueva York, a la revista *Buen Hogar*, a *Rumbo News,* en Lawrence, Massachusetts, y a Sitiohispano.com

A los sacerdotes del Colegio Salesiano San José, de Santa Ana, y hermanos de fe, que conocí en mis años escolares, quienes me inculcaron el amor y devoción a la Virgen María: Padre Salazar, Padre Bogantes, Padre Guevara, Padre Mario, Padre Rossoni y Padre Florindo Rossi.

A los hermanos españoles de la Orden Marista del Liceo San Luís, de Santa Ana: Hermano Alberto Castrillo, Hermano José Cuadrado y Hermano Domingo Ruiz. Gracias a ustedes aprendí a rezar el Santo Rosario, aprendí los cánticos dedicados a la Santísima Virgen y estudié la vida y obra de San Marcelino Champagnat.

A los Frailes de la Orden de los Betlemitas de la Antigua Guatemala: Fray Patricio q.d.e.p., Fray Armando y al Padre Abel de Cataluña. Gracias por compartir las enseñanzas de San Pedro de Betancourt.

A Don Manuel Farfán Castro, fundador del Liceo Santaneco. Mi maestro de maestros, quien siempre vio mi camino en el mundo de las letras.

A todos ustedes, que Dios, Cristo, la Virgen y los Santos, les cubran de grandes bendiciones.

PRÓLOGO

Toda mi educación primaria, secundaria y media, la realicé en instituciones católicas. Desde que tengo uso de razón, me fue inculcada una gran fe en Dios, la Virgen, Jesucristo y los santos. En gran medida le debo a mi querida abuela Gladis (q.e.p.d.) el hecho de tener la fe que ahora siento por los venerables, beatos y santos.

Cada 28 de octubre, día de San Judas Tadeo, la casa de mis abuelos paternos se vestía de altares, incienso y fervor religioso. Desde muy temprano se hacían los preparativos que incluían claveles, orquídeas y gladiolas, frutas tropicales, velas de todos los colores y tamaños, inciensos aromáticos y cohetes, para anunciar el rezo en honor a San Judas. Parientes, amigos y vecinos, acudían al evento cuando los cohetes y fuegos artificiales, anunciaban que el rezo del rosario y las letanías estaban por iniciarse. Qué nostalgia de aquellos años. Y qué hermosa enseñanza me dejó mi querida "Mama Is", como la llamé hasta que falleció a la edad de 57 años en febrero de 1984.

Las misas y cánticos en el Colegio Salesiano San José, los rosarios que rezábamos todos los lunes con el Hermano Alberto Castrillo, en el Liceo San Luís, y las lecciones evangélicas en italiano del Padre Florindo Rossi, crearon en mí, la fe infrangible que ha ido creciendo conforme he ido madurando.

Como creyente, puedo dar fe y testimonio de milagros de los que he sido testigo. Habiendo vivido en un país que enfrentó una cruenta guerra civil, la fe y religiosidad fueron mis únicos escudos protectores, especialmente en las tantas ocasiones que mi vida corrió peligro en medio del fuego cruzado de las ametralladoras, granadas fragmentarias y bombas incendiarias.

Por ello me di a la tarea de escribir un libro que detallara vida, obra y milagros de los santos y las advocaciones de la Santísima Virgen, porque así como yo, usted también, puede obtener verdaderos milagros si acude con fe y busca el favor y patrocinio espiritual de los santos. En estos tiempos difíciles que vivimos, la fe ha de convertirse en nuestra fuerza y sustento espiritual que siempre nos dirija por el camino correcto y por el sendero de la luz de Dios.

CAPÍTULO I

DICCIONARIO DE LOS SANTOS

A

San Agustín: 28 de agosto

Nació en el Norte de África alrededor del año 354. Su padre era pagano y su madre cristiana, a quien se venera como Santa Mónica. Cuando tenía 17 años de edad, fue a estudiar leyes a Cartago. Aunque creía en Dios, no se convertía al cristianismo debido a sus creencias filosóficas. En plena juventud tuvo un hijo con una mujer a la cual no desposó, después tuvo otra relación fuera del matrimonio, durante la época en la que vivió en Milán. En aquel entonces conoció a San Ambrosio, quien era obispo de la ciudad y fue él quien influyó en su conversión a la fe en Cristo.

En el año 391 fue ordenado como sacerdote. Cinco años después fue nombrado obispo de Hipona. San Agustín se dedicó a escribir diversas obras de contenido teológico y polémica en la religión. Los críticos consideran la obra *Confesiones*, publicada en el año 399, como su máxima expresión literaria. Siempre se dedicó a servir y orientar a la feligresía. Se desempeñó como sacerdote durante cuarenta años. Falleció el 28 de agosto del año 430. Es el Santo Patrón de los impresores.

Peticiones

Se invoca para obtener milagros concernientes a la fe, tener paciencia en situaciones turbulentas y encontrar el camino correcto en la vida.

Oración

Amado San Agustín, tú que en plena juventud te mantuviste centrado en el hombre y te entregaste a las creencias falsas. Finalmente te convertiste por la gracia de Dios y llegaste a ser un teólogo amante a Dios, centrado en Dios, en su amor y en su predicación. Ayuda a la gente a encontrar la verdad revelada. Ayúdales a seguir siempre el camino de la fe, en su esfuerzo por encontrar la paz, el bienestar espiritual y el patrocinio divino que todos merecemos. Amén.

San Alberto: 15 de noviembre

Es el Santo Patrón de las ciencias naturales. La multitud le llamaba "El Magno", "El Grande" y "El Doctor Universal", "Milagro de la Época", "Maravilla de Conocimientos", porque se había instruido en casi todas las ciencias.

Fue geógrafo, astrónomo, físico, químico y teólogo. Muchos comentaban que el santo sabía de todo lo que se podía saber. Fue maestro de grandes e ilustres como Santo Tomás de Aquino.

Nació en Alemania en 1206, en el seno de una familia acomodada. Se inició como religioso con los Padres Dominicos. Se destacó como un profesor brillante en varias universidades, como en Colonia y París. Estudiantes de diversas nacionalidades asistían a escuchar sus clases. Tuvo el mérito de haber separado la teología de la filosofía y de rescatar y reconciliar las ideas filosóficas con las cristianas.

Su obra completa que cubre varios temas, fue publicada en dos ediciones, una de treinta y ocho volúmenes y otra de veintiuno. Fue nombrado superior provincial de su comunidad de Dominicos. El Papa lo nombró Arzobispo de Ratisbona, pero a los 2 años dejó su cargo para dedicarse a su misión intelectual. Murió el 15 de noviembre de 1280, a la edad de 74 años.

Peticiones

Se le reza para obtener sabiduría, inteligencia, buena memoria retentiva y para sobresalir en una carrera u oficio.

Oración

Oh Dios, que, por medio de San Alberto, nos diste una regla de vida evangélica para alcanzar la perfecta caridad; concédenos vivir generosamente nuestra consagración a Jesucristo y servirle fielmente hasta la muerte. Que amemos al prójimo como a nosotros mismos. Que nuestra fe maravillosa sea "trampolín" para el cielo. Que vivamos la vida en obsequio de Jesucristo, y por medio de su palabra alcancemos el perdón, la misericordia y el favor de Dios. Amén.

San Alejo: 17 de julio

Vivió alrededor del siglo V. Era hijo de un senador romano. A la edad de 20 años comprendió que su vida rodeada de pompa y riquezas era un peligro para su espíritu, y decidió servir a Dios en la mayor humildad. Salió de Roma con rumbo a Edesa disfrazado de mendigo. En Siria, se dedicó por más de 17 años a la oración y a la penitencia. Vivía de la caridad para ayudar a otros a encontrar el camino del Señor. Cuando se descubrió que era hijo de una familia ilustre de Roma, San Alejo temió que le rindieran honores, por ello regresó a la casa de su padre, donde vivió de incógnito por varios años como un sirviente más, durmiendo debajo de una escalera. Un día enfermó, y ya agonizante, les reveló a sus padres que era su hijo y que había escogido vivir una vida por penitencia y para servir al cielo. Sus padres le abrazaron llorando y le procuraron una muerte en santa paz. Cuando el obispo se enteró del caso, mandó exhumar el cadáver, pero no se encontraron más que los harapos del hombre de Dios y ningún cadáver. La fama del suceso se extendió rápidamente por toda la región.

Peticiones

Se le pide para alejar todo lo malo, especialmente alcoholismo, drogadicción, malas amistades y malas compañías.

Oración

Milagroso San Alejo, tú que tienes el poder de alejar todo lo malo que acecha a los escogidos del Señor, te pido que alejes de mí, la maldad, la mentira, la injusticia y el pecado, y por último, aleja al que viniese a mí para hacerme daño. Ponme tan lejos de los malos para que jamás me vean. Aleja también las malas influencias que puedan rondar mi hogar. Finalmente, acércame a Jesucristo para que me cubra con su divina gracia. Amén.

San Alfonso Rodríguez: 30 de octubre

Nació en Segovia, España, en el año 1533. Estuvo felizmente casado por varios años hasta que enviudó. La muerte de su esposa le causó un acercamiento más estrecho con sus creencias religiosas. Debido a ello solicitó a la orden jesuita que le aceptaran como novicio. Los sacerdotes se rehusaron porque carecía de estudios y además ya había cumplido los 40 años de edad.

Sin embargo, el superior decidió aceptarlo como seglar y le enviaron a la isla de Mallorca para que sirviera como portero del colegio jesuita. Allí conoció a personajes ilustres que influyeron profundamente en su desenvolvimiento religioso. Se dice que tenía el don de predecir eventos futuros. En algunas ocasiones experimentaba fiebres y temblores extraños que solamente podían ser sanados si recibía la comunión. Su vida fue ejemplar. Ayudaba y daba consejos a todo el que acudía a él. Se sacrificaba por los más necesitados y auxiliaba a los enfermos. El 31 de octubre de 1617 murió repitiendo tres veces el nombre de Jesús. Fue canonizado en 1887 y nombrado Santo Patrono de la isla de Mallorca.

Peticiones

Rogarle por las personas que pierden a un ser querido, procurar la protección de Dios y para tomar decisiones acertadas.

Oración

Bendito, elegido por Cristo, y glorioso eres San Alfonso Rodríguez, por aquel coraje y la dignidad con la que siempre defendiste la palabra y la voluntad de Dios. Durante tu vida, ayudaste a cambiar para bien, la vida de tantos fieles, por tal motivo acudo a tu santa presencia para pedir e implorar que el cielo me conceda una gracia por medio de aquellos méritos y la intercesión de tu noble espíritu. Amén.

San Ambrosio: 7 de diciembre

Nació en Alemania en el año 340. Su familia era de origen aristocrático. Desde niño se interesó por las leyes y llegó a ser un abogado de renombre. Fue gobernador de Milán, donde se ganó el prestigio de ser un hombre muy justo y honesto. Cuando el obispo de esa ciudad murió, los ciudadanos le pidieron que fuera el nuevo obispo. Esta petición inesperada le causó gran asombro porque ni siquiera había sido bautizado. Cuando aceptó la nominación, repartió gran parte de sus bienes entre los más pobres.

Profundizó en estudios teológicos y se convirtió en ferviente estudiante de las sagradas escrituras. Con sus discursos atrajo a muchos creyentes a su iglesia. A los feligreses les enseñaba a orar, les ayudaba en todo lo que podía y rescataba a los cautivos de las guerras. Cuando su iglesia fue atacada, con oración y fe en Dios, logró que los atacantes se retiraran. Ha sido nombrado como Doctor de la Iglesia.

Peticiones

Rezarle a San Ambrosio para vencer la ira, el temor, la angustia y la violencia doméstica.

Oración

Bendito sea el creador, por poner en la tierra a hombres justos, nobles y compasivos como San Ambrosio, quien se dedicó enteramente a predicar la palabra de Cristo y a ser valiente cumplidor de las leyes del cielo. Por tal motivo te pido Señor que mediante el santo patrocinio de San Ambrosio, me concedas el favor que te imploro y la paz para mi alma que busca tu salvación. Amén.

Santa Ana: 26 de julio

Santa Ana es la madre de la Virgen María y abuela de Jesucristo. Vivió en el siglo I y perteneció a la tribu de Judá. Cuando se casó con su esposo Joaquín, prometió consagrar su primer hijo al servicio de Dios. Lamentablemente, después de muchos años, la pareja no pudo concebir. Joaquín decidió ir al desierto para orar y ayunar y así obtener un favor divino. Finalmente a los cinco meses de constantes rezos, un ángel se le apareció a Santa Ana y le dijo que tendría un hijo como ningún otro en el mundo, y le indicó que saliera a esperar a su esposo en el sitio de la ciudad conocido como la Puerta Dorada. Aunque Santa Ana ya se encontraba en las primicias de la vejez, no dudó ni un momento en la promesa de Dios. Al tiempo de esta aparición nació la Sagrada Virgen María.

Peticiones

Se le pide por aquellas mujeres que no pueden quedar embarazadas, también por las niñas enfermas y para que no falte el alimento en la mesa de los creyentes.

Oración

Bendita y gloriosa Ana de Bersabé de Judea. Esposa fiel y amantísima de San Joaquín, y quien por tu humildad y estricto cumplimiento a la ley promulgada por Dios a Moisés en el monte Sinaí, fuiste elegida en las primicias de tu vejez, para ser madre de la más pura y bendita de todas las mujeres, quien habría de ser la madre del Redentor del mundo. Gloriosa santa, abuela de Jesucristo, a ti clamo y a ti ruego, para que así como tu súplica fue atendida por Dios, para satisfacción tuya y de tu santo esposo; asimismo, intercede por mí, para que también al encontrarme en penas y tribulaciones, el Señor, me acoja en su divina gracia y me lleve al sendero de la vida eterna. Amén.

San Andrés: 30 de noviembre

El primer apóstol del Redentor fue San Andrés, hermano de Simón. Conoció a Juan Bautista y de él escuchó referirse a Jesús como "Cordero de Dios". Le pidió permiso a Jesús de hablar con Él, un día, y de inmediato proclamó: he encontrado al ¡Mesías! Lo que representa una confesión de la fe en Jesucristo.

Aunque Andrés no era parte del círculo inmediato, fue el primero en jugar un papel en muchos eventos que han sido escritos por Eusebio, quien dice que Andrés fue a Sitia (un lugar entre Rumania y Bulgaria) luego a Petras, Grecia, donde fue perseguido por sus creencias religiosas y condenado a ser crucificado en una cruz en forma de equis. De acuerdo a la tradición, Andrés es el fundador patriarca de Constantinopla. Se le considera Santo Patrono de los pescadores.

Peticiones

Se le ruega para tener amigos sinceros y cuando se han de hacer viajes en los que se atraviesa el mar.

Oración

Señor Todopoderoso, que por tu gracia hiciste que tu Santo Apóstol Andrés, obedeciese prestamente al llamamiento de tu Hijo Jesucristo, y a él siguiese sin dilación alguna. Danos también la gracia a todos nosotros, para que, siendo llamados por tu santa Palabra, nos entreguemos sin tardanza a cumplir obedientemente tus santos mandamientos, mediante el poder y obra de Cristo. Amén.

San Antonio Abad: 17 de enero

Nació alrededor del año 251 en Egipto. También se le conoce como San Antonio el Ermitaño. Se le atribuye ser el fundador de la vida monástica en dicho país. Vivió su niñez y adolescencia rodeado de lujos y comodidades, pero al cumplir los 20 años, decidió repartir sus bienes entre los pobres y se retiró al desierto de la Tebaida a meditar sobre su vida.

Fue tentado por Satanás, sin embargo, su fe, venció todas las tentaciones. La fama de su santidad se extendió en toda la comarca. Tuvo la idea de edificar monasterios para aquellos que tenían la vocación de servir a Dios y vivir en claustros. Con el paso de los años fundó más de diez monasterios y en cada uno ponía al frente a un Abad, siendo él, "el primer Abad de la historia cristiana". Cuando murió fue alabado por los monjes y por todos los fieles que acudían a él en busca de ayuda espiritual. Allá por el siglo IV, San Atanasio, uno de sus más fieles discípulos, escribió la biografía del santo. Murió a los 105 años de edad.

Peticiones

Se invoca por motivos de salud, para alejar fuerzas malignas y tener larga vida.

Oración

Dios Padre Celestial, tú que le concediste a San Antonio Abad la gracia de saber dominarse tan perfectamente a sí mismo y dedicar su vida a la oración y a hacer el bien a los demás, haz que también nosotros, con tu milagrosa ayuda y salvación, no busquemos alimentar nuestro egoísmo, sino que dediquemos nuestra vida a amar y servir con humildad al prójimo y a los que más precisan de nuestra caridad. Por Cristo, Jesús. Amén.

San Antonio de Padua: 13 de junio

La fecha oficial de su nacimiento data del año 1195, aunque se cree que nació en 1191 en Lisboa, Portugal. Desde pequeño se interesó por el catecismo y las cosas de Dios. En el año 1208 entró al monasterio de los canónigos de San Agustín y se ordenó como sacerdote en 1219. En 1220, usando el hábito de la orden de los Franciscanos, desembarcó en Marruecos, a los pocos días cayó muy enfermo, por lo que sus superiores decidieron repatriarlo. Tras sobrevivir un viaje tormentoso, San Antonio arribó a Sicilia. Durante ese período conoció a San Francisco de Asís, con quien inició una estrecha amistad.

Hacia 1224, fue nombrado maestro de teología e impartió clases en Bolonia y Francia y fungió como evangelizador en Rumania. En 1230 predicó ante el Papa y los cardenales, quienes quedaron maravillados con la dulzura y sabiduría de sus palabras.

Siempre ayudó a los más humildes y orientó a los jóvenes a encontrar su verdadera vocación. Murió el 13 de junio de 1231. Fue canonizado el 30 de mayo de 1232 por el Papa Gregorio IX. En 1946 el Papa Pío XII lo declaró Doctor Evangélico de la Iglesia.

Peticiones

Se le pide para solucionar conflictos familiares y sociales, encontrar cosas perdidas. Las mujeres le rezan para conseguir novio o esposo.

Oración

Bendito San Antonio, Santo de los milagros, Santo de la ayuda, preciso de ti un favor divino. Llevo en mis manos una imagen con tu ilustre nombre, e invoco tu presencia para hacerme justicia en todo momento. Consuélame en esta necesidad y concédeme tu noble ayuda con toda confianza. Dios Todopoderoso, que la solemnidad votiva de San Antonio, tu confesor y doctor, le dé alegría a la iglesia. Que por su intercesión, estemos siempre protegidos con tu asistencia celestial y asimismo alcemos amor y alegría por toda la eternidad. Amén.

B

Santa Bárbara: 4 de diciembre

Vivió alrededor del siglo III. Era hija de un rico mercader de nombre Dioscorus. Fue una joven de admirable belleza, y muchos hombres la pretendían. Su padre la hizo encerrar en lo alto de una torre para desanimar a todo aquel que quisiera casarse con ella. Al estar cautiva, Santa Bárbara le pidió a su padre tener tres ventanas en vez de dos, con lo cual se estaría representando a la santísima trinidad. Al descubrir su padre que ella era cristiana, intentó matarla, pero en ese instante, ella fue milagrosamente transportada desde una de las ventanas hasta una cueva en el bosque. Sin embargo, fue encontrada a los pocos días por las autoridades, posteriormente fue torturada y decapitada por su propio padre. Cuando Dioscorus retornaba a su casa, fue calcinado por un rayo y su cuerpo fue reducido en cenizas.

Peticiones

Se le pide protección contra enemigos, fuerzas extrañas y enemigos ocultos.

Oración

Acudimos a ti, Santa Bárbara bendita, para que te conviertas en nuestra sublime benefactora. A ti clamamos con fe cristiana para que guíes nuestro sendero y nos lleves a la presencia del poder de Jesucristo. Virgen santa, virgen pura, virgen de nuestra veneración, con tu espada vencedora sálvanos de la envidia y la traición. Que tu manto encantador sea el refugio que siempre nos abrigue y nos consuele. Amén.

San Bartolomé: 24 de agosto

San Bartolomé, cuyo patronímico era Tolmai, algunas veces es identificado como Nathaneal, un nuevo seguidor del cristianismo que Felipe presentó a Jesús. Se cree que Bartolomé visitó e hizo peregrinaciones en algunos países de Asia. Según el historiador Eusebio, 200 años después de la muerte de Cristo, se encontró en la India el Evangelio de San Mateo, dejado por el apóstol Bartolomé, uno de los máximos difusores de los evangelios escritos por otros apóstoles. Se sabe que fue el rey Astyages de Armenia, después de varios meses de haber espiado y perseguido al apóstol, quien ordenó que San Bartolomé fuera desollado hasta morir en Albanapolis.

Peticiones

Rogarle para protegerse de gente y situaciones violentas, antes de someterse a una cirugía, para encontrar la verdad y desenmascarar a un mentiroso.

Oración

Fortalece Señor, nuestra fe y esperanza, para que nos adhiramos a Cristo, tu Hijo, con la misma sinceridad y devoción con que lo hizo el apóstol San Bartolomé, y haz que, por la intercesión de este noble y humilde santo, sea siempre la creencia en tu reino, sacramento de salvación universal para todos los hombres. Por nuestro Señor Jesucristo, tu Hijo. Amén.

San Benito: 11 de julio

Nació alrededor del año 480 en Roma, época en que el imperio ya iniciaba la decadencia. Desde que era un niño, se distinguió por ser un infante respetuoso de la fe. A la edad de 16 años se trasladó a un sitio conocido como Subiaco, y comenzó a vivir como ermitaño en una cueva en lo profundo de un bosque.

Se cuenta que estudió la Biblia durante tres años, y pronto sus virtudes fueron conocidas en toda la región, tanto así, que unos monjes le pidieron que fungiera para ellos en calidad de abad. La rigurosa disciplina de San Benito desanimó a los monjes, quienes un día trataron de envenenarle, ofreciéndole una copa de vino; antes de beber, bendijo el vino y la copa estalló haciéndose pedazos. Todos los días, mucha gente asistía a verle para que les enseñara la palabra de Dios, situación que lo motivó a fundar monasterios.

Hacia el año 527 se fue a vivir a Monte Casino, donde fundó la Orden Benedictina, que aún prevalece. Fue en ese lugar donde él escribió su célebre "Regla de San Benito", prontamente acogida como el reglamento de los monjes europeos.

Peticiones

Se le ruega por el alivio de enfermedades contagiosas y malestares ocasionados por el envenenamiento de comida o bebida, contra tentaciones e intenciones pecaminosas.

Oración

Omnipotente y eterno Dios, que en este día, libre de las ataduras de la carne, llevaste al cielo a tu santísimo confesor Benito, concédenos a todos los que celebramos esta fiesta, el perdón de nuestros pecados, para que, cuantos nos congratulamos de su gloria, mediante su poderosa intercesión, logremos también asociarnos a sus méritos y bendiciones. Por Jesucristo, nuestro Señor. Amén.

Santa Bernardita: 16 de abril

Nació en 1844 en Lourdes, Francia. Era la mayor de seis hermanos y provenía de una familia muy pobre. Cuando tenía 14 años, en un lugar cercano a su vivienda, experimentó una serie de apariciones de una "dama" que sólo ella podía ver. Durante dos semanas retornó al mismo lugar a orar por los pecadores y cuando le preguntó a la aparición quién era, la Dama respondió: "Yo soy la Inmaculada Concepción".

En un principio la iglesia rechazó las visiones de Bernardita, considerando que eran alucinaciones, sin embargo, la fe de la jovencita logró convencer a los sacerdotes y en 1862 se construyó una gruta con la imagen de la virgen, a la cual acuden actualmente millones de creyentes en busca de milagros y curación de enfermedades.

En 1866 ingresó a un convento en el cual dedicó su vida por completo en favor de los más necesitados, hasta el día de su muerte en 1879. Fue canonizada en 1933.

Peticiones

Se le pide que nos aparte de la soberbia, de la ostentación y la ambición por el dinero. Se le ruega para que siempre exista en nuestro corazón la fe en Dios y la humildad.

Oración

¡Oh dulce Santa Bernardita! Acuérdate que la virgen te dijo en la Gruta: "Ruega por los pecadores", para que se conviertan y hagan penitencia. Ruega por mí, pecador, para que Dios perdone mis pecados. Ruega por mí a María Inmaculada, pues confío en que te concederá cuanto le pidas, porque fuiste su confidente en la Gruta de Lourdes. Así como Ella te prometió "hacerte feliz en el otro mundo", te concederá que hagas felices a los que devotamente acudan a ti. A ti, pues, acudo humildemente, suplicándote no me dejes ni me abandones hasta verme contigo en el cielo. Amén.

San Blas: 3 de febrero

Nació en una familia de clase noble. Desde muy joven se inclinó por los temas cristianos y muy pronto se consagró como un Obispo. Cuando comenzó la persecución de los cristianos, el santo se retiró lejos de la ciudad y se instaló en una cueva, en la que también se escondían fieras salvajes. Los animales nunca le atacaron y hasta permitían que el santo los alimentara y les curara las heridas. Una mañana, al escuchar a unos cazadores que buscaban fieras para divertir a la multitud en los anfiteatros, San Blas dispersó a los animales, pero fue visto y apresado por uno de los cazadores. Inmediatamente fue conducido ante el gobernador de la región, quien al enterarse que era cristiano, ordenó que le azotaran y le encerraran en un calabozo. Como nunca renegó de su fe, finalmente fue decapitado.

Peticiones

Se le pide para sanar de enfermedades a la garganta, para protegerse de enemigos, animales salvajes y de las enfermedades y daños que éstos pueden provocar.

Oración

Espíritu iluminado del Señor, piadoso mártir del Altísimo, que hallaste seguridad en los refugios, obediencia en los animales, abundancia en sitios desérticos, amparo en la soledad y con innumerables milagros de la fe, convertiste a muchos a la fe en Cristo. Mira hacia los humildes devotos que con fe y entera confianza te piden que no los desampares ante la enfermedad, la injusticia, la maldad y los tormentos terrenales. Que tu intercesión sea nuestro eterno emblema de gloria y misericordia. Amén.

C

San Camilo de Lelis: 14 de julio

Nació en Abruzos, Italia, en 1550. Fue un hombre muy alto, medía alrededor de dos metros de estatura. A la edad de 17 años entró a la carrera militar y fue a luchar contra los turcos en el ejército de Venecia, pero no estuvo mucho tiempo, debido a una extraña llaga que le apareció en un pie. En Roma estuvo en un hospital, como paciente y sirviente.

Su temperamento era muy violento y le gustaba mucho jugar a los naipes, beber y apostar, lo que le trajo mucha vergüenza y miseria. Llegó al punto de perder todo lo que tenía, incluyendo su pistola y hasta su camisa. Para sobrevivir, comenzó a trabajar en la edificación de un monasterio, y fue allí donde el ejemplo de los monjes influyó positivamente en su manera de pensar. Fue entonces que se convirtió, y en corto tiempo regresó al mismo hospital donde había sido paciente años atrás.

Sirvió a los enfermos y moribundos por 40 años, de los cuales 36 tuvo que soportar la llaga de su pie que nunca pudo sanar.

Fundó una congregación de sacerdotes llamados "Sirvientes de los Enfermos", quienes atendían a los afectados, incluyendo aquellos que sufrían de la peste.

San Camilo siempre padeció de sus piernas y cuando ya no pudo caminar más, se arrastraba viendo a sus pacientes de cama en cama. Murió a la edad de 64 años y su congregación ahora es conocida como "Padres Camilos".

Peticiones

Se le invoca para sanar enfermedades raras y padecimientos que parecen difíciles de ser curados completamente.

Oración

Glorioso San Camilo, que cuidaste a los enfermos como si fueran los hijos de tu propia sangre. Tú, que eres su celestial patrono, protege al hombre que sufre para que no pierda la esperanza. Ayuda a los buenos samaritanos que los auxilian sin esperar nada a cambio. Presenta al Señor nuestras oraciones, porque sólo Él puede liberarnos de todo mal y convertir los dolores de nuestro cuerpo y la soledad de nuestras almas, en frutos de alegría y de amor. Amén.

Santa Caridad:
Ver Santa Fe, Esperanza y Caridad

Santa Catalina de Alejandría:
25 de noviembre

Era hija de padres aristócratas ajenos al cristianismo. En su adolescencia se encontró con un ermitaño que le habló de la palabra de Cristo y desde ese momento se convirtió en cristiana. En aquella época los cristianos eran perseguidos por el emperador Maximino. Catalina, muy indignada, fue a confrontarlo y de paso trató de convertirlo. En aquella ocasión, Maximino hizo que cincuenta filósofos paganos debatieran con Santa Catalina, quien con la ayuda de San Miguel Arcángel, los convirtió a todos al cristianismo.

El emperador, después de lo sucedido, mandó matar a los filósofos y trató de convencer a la santa para que se casara con él, pero como ella se negó, fue golpeada y hecha prisionera. Muchos paganos le visitaron en la cárcel y a todos los convirtió al cristianismo, inclusive a un buen número de soldados del emperador, quien al observar lo que ocurría ordenó que fuera torturada hasta morir en una rueda de púas. Cuando la rueda hizo contacto con su piel, se hizo pedazos y no pudo causarle daño alguno.

Finalmente fue decapitada, y según la leyenda, varios ángeles condujeron sus restos hasta el Monte Sinaí y le construyeron un monasterio. A Santa Catalina se le considera como uno de los catorce colaboradores sagrados del cielo.

Peticiones

Se le reza por la libertad de culto, también para que sigan existiendo abogados honestos y sobre todo para tener valor en medio de la adversidad.

Oración

Gloriosa y noble Santa Catalina de Alejandría, derroche de sagradas virtudes, portento de gran sabiduría y elocuencia. Deseamos ser tu semejanza en el basto conocimiento de las ciencias y la fe, y de ese modo ser leales feligreses de Jesucristo. Acércanos a la profundidad de la fe para que seamos capaces de defender nuestras creencias y nuestra esperanza en la vida perdurable que alcanzarán aquellos de corazón puro y fe ardiente. Amén.

Santa Catalina de Sena: 29 de abril

Nació en Sena el 25 de marzo, día de la fiesta de la Anunciación. A los seis años tuvo una gran experiencia mística que definió su vocación y su entrega a Cristo. Siendo muy joven y con cierta dificultad, logró entrar a un convento. Pese a las consolaciones y visiones, tuvo que vencer pruebas muy duras.

Por revelación divina, la Santa salió a trabajar por la salvación del prójimo, asistiendo a los enfermos en los hospitales, en especial a aquellos que padecían enfermedades repugnantes como la lepra. Poco a poco reunió a un grupo de amigos y discípulos, formando una "gran familia" que, durante la epidemia de la peste, asistió a casi todos los enfermos de la ciudad. La caridad de la santa también se extendía a los condenados a muerte, a quienes ayudaba a encontrar a Dios.

Santa Catalina fungió exitosamente como moderadora entre la Santa Sede y los religiosos de Florencia, porque ellos habían formado una liga contra el Vaticano, finalmente se llegó a la reconciliación promovida por el Papa Urbano VI. Al regresar a Sena, empezó a escribir su famosa obra mística, "Diálogo de Santa Catalina", pero paralelamente la salud de la Santa empeoraba, obligándola a soportar grandes sufrimientos.

Dos años después del fin del cautiverio de los Papas en Aviñón, estalló el escándalo del gran cisma, por lo que Santa Catalina se estableció en Roma, donde luchó infatigablemente con oraciones, exhortaciones y cartas para ganar nuevos partidarios al Papa legítimo. Murió a los 33 años de edad.

Peticiones

Se le pide por la realización de cambios en sitios e instituciones que lo necesitan y por bendiciones cuando uno se muda de domicilio. Se le reza diariamente cuando existen problemas y discusiones entre hermanos y familiares.

Oración

Purísima y gloriosa Santa Catalina, por aquella felicidad infinita que viviste al unirte con Dios, preparándote para una muerte santa. Alcánzame de su destellante Majestad, la gracia de ser perdonado de mis culpas, sanado de mis padecimientos y reconfortado en mis penas. De ese modo pueda yo, ser merecedor de atravesar en paz la transición de la muerte y poder volar en divina potestad a la vida eterna que prometió nuestro Señor Jesucristo. Amén.

San Cayetano: 7 de agosto

Nació en 1480 en Vicenza, Italia. Fue huérfano de padre. Su madre se encargó de instruirlo en el camino de la fe. Ya en edad adulta, estudió en la universidad de Padua en donde obtuvo dos doctorados. A la edad de 29 años viajó a Roma y fue nombrado secretario del Papa Julio II. Al cumplir los 33 años se ordenó como sacerdote, y cumplió la misión de cuidar y proteger a los enfermos y a los más pobres. Más adelante fundó la orden de los "Padres Tetinos", que promovían por todos los medios seguir una vida serena, apacible, apartada de lo mundano. Durante los últimos años de su vida padeció de muchas enfermedades, pero las resistía ofreciendo su sufrimiento a Jesucristo. Murió el 7 de agosto de 1547, en Nápoles. San Cayetano es muy venerado en países latinoamericanos, especialmente en Argentina, en donde cuenta con millones de devotos.

Peticiones

Se le pide por la pronta recuperación de una enfermedad, por la economía familiar y para encontrar trabajo.

Oración

Glorioso San Cayetano, aclamado por todos los pueblos, padre de providencia porque socorres con grandes milagros a cuantos te invocan en sus necesidades, acudo a tu altar, suplicando que presentes al Señor, los deseos que confiadamente deposito en tus manos. Haz que estas gracias, que ahora te pido, me ayuden a buscar siempre el Reino de Dios y su Justicia, sabiendo que Dios, que viste de hermosura las flores del campo y alimenta con larqueza las aves del cielo, me dará las demás cosas por añadidura. Amén.

Santa Cecilia: 22 de noviembre

Fue una joven y culta aristócrata, y una cristiana desde la infancia. Sus padres la dieron en matrimonio a un joven noble pagano, Valerianus. Ella inmediatamente convirtió a su esposo y él fue bautizado por el Papa. Valerianus también convirtió a su hermano Tiburtius y juntos distribuían donaciones a los pobres y sepultaban los cuerpos de aquellos asesinados por el oficial Turius Almachius, quien perseguía a los cristianos. Los dos hermanos fueron arrestados y ejecutados. Cecilia también fue arrestada por haberlos sepultado y fue condenada a ser sofocada en el baño de su propia casa. Pese al intento, la santa no sufrió ningún daño por lo que se le mandó a decapitar. El verdugo dejó caer su espada tres veces sin poder separar la cabeza del cuerpo; huyendo del lugar dejando a Cecilia bañada en su propia sangre. Después de tres días de agonía murió en compañía de un ángel que tocó música celestial.

Fue enterrada en Roma. Al abrir su cripta casi 1800 años después de sepultada, su cuerpo no estaba descompuesto y mantenía un buen olor. Cecilia descansaba allí como si estuviera apaciblemente dormida. Es la Santa Patrona de los músicos.

Peticiones

Se le pide para tener asistencia divina cuando se sufre por la pérdida de un ser querido.

Oración

Bienaventurada virgen y mártir Santa Cecilia, modelo de la fe en Jesucristo, ampara a tus devotos, quienes imploran tu poderosa y fiel intercesión ante el cielo. Que con tu santa guía y fervor cristiano, consigamos el verdadero arrepentimiento de nuestras faltas, el propósito eficaz de la enmienda y la fortaleza necesaria para defender la fe que siempre hemos profesado. Alcánzanos la gracia de vivir y descansar en santa fe, y también la gracia especial que te pido solemnemente. Escucha y atiende mis súplicas, Virgen milagrosa, para que merezca un día, alcanzar la bondad eterna de Dios Nuestro Señor. Amén.

San Cipriano: 16 de septiembre

Nació en África en el año 200. Su padre era de origen noble. Durante su juventud estudió letras y filosofía. Hubo un tiempo en el que fue dado a los placeres y a la arrogancia que le proporcionaba el ser un gran orador. Un día hizo amistad con un cristiano llamado Cecilio. Él lo instruyó en el cristianismo y la conversión de San Cipriano fue total: se bautizó, abandonó su vida mundana, repartió sus bienes entre los más necesitados, se entregó de lleno a la castidad y comenzó a predicar el evangelio.

Se destacó como autor e intelectual, escribió libros entre los que destacaron *De la limosna y las buenas obras* y *Tratado sobre la unidad de la fe*. En el año 249 recibió el título de obispo de Cartago.

Al año siguiente, el emperador romano Dicio inició una terrible persecución en contra de los cristianos, quienes eran ofrecidos a los leones en el Capitolio. El santo se mantuvo escondido durante más de quince meses. Luego el emperador Valeriano, continuó con la persecución desencadenada por su antecesor, y cayó San Cipriano en manos del ejército romano siendo decapitado.

Peticiones

Se debe invocar para protegerse de espíritus malignos, falsos profetas, contra accidentes y tempestades. Para calmar y alejar vecinos violentos y vencer la magia negra.

Oración

Glorioso obispo y mártir Cipriano, te suplico por el acervo de tu martirio y por la gloria que gozas en compañía de todos los que, como tú, obtuvieron la corona felicísima del martirio, me libres de hechizos y de encantamientos del infernal dragón, de muerte repentina, de rayos y temblores, de incendios y terremotos, de malos vecinos, de caminos peligrosos, de los salteadores, de prisiones, de malas lenguas, de falsos testimonios y por último, que puesto a tus plantas y cubierto con tus vestiduras me libres de todos los enemigos visibles e invisibles, que tapado con el manto de la Magdalena alcance un arrepentimiento como aquella dichosa santa, para que mi alma sea purificada y mi suerte sea feliz. Amén.

Santa Clara de Asís: 11 de agosto

Fue la hija mayor del Conde de Sasso-Rosso. Creció dotada de virtudes raras y muy devota a la oración. A la edad de 18 años escuchó a San Francisco predicar y decidió dejar su casa para vivir una vida religiosa. San Francisco le dio refugio, cortó su cabello y le proporcionó una vestimenta rústica de lana color café para vestir.

Clara fundó la Orden de las Damas Pobres, o Claras Pobres, como se les conocía, donde las monjas andaban descalzas, hablaban solamente cuando era necesario y no poseían propiedad alguna. Clara era una "santa entre santas", humilde, piadosa, encantadora, cortés y optimista. Pasaba

gran parte de la noche en oración, y después de sus devociones, se ocupaba en labores manuales.

Cuando San Francisco murió y su cuerpo fue llevado adentro de la capilla, Clara lo lavó con sus lágrimas y cubrió el sagrado estigma con besos. Veintiséis años después, cuando estaba en su lecho de muerte, se escuchó un susurro "parte en paz, pues el camino que has seguido es el bueno". San Francisco era quien había venido para guiarla en su jornada al cielo.

Peticiones

Se le pide para que aclare nuestro camino, nuestras dudas y descubrir quiénes son nuestros amigos verdaderos.

Oración

Bendita Santa Clara de Asís, acudo a tu presencia en necesidad de entendimiento. Ayúdame a descifrar con sabiduría los misterios que vislumbra mi destino. De igual manera, permíteme asimilar con claridad el propósito que Dios me tiene reservado, y en momentos de indecisión y duda, sé tú la luz que me guíe por el buen camino. Amén.

San Cosme y San Damián: 26 de septiembre

También se les conoce como los Santos Gemelos. Vivieron en la antigua Roma, eran médicos y no cobraban honorarios por sus servicios. Lo que le pedían a cambio a sus pacientes, era que les dejaran hablar de Jesús y el cristianismo.

En aquel entonces, Lisias era el gobernador pagano de Sicilia. Junto a sus colaboradores se enfurecieron con los santos por estar evangelizando a gran parte de los habitantes de la región. Los soldados no pudieron amedrentar la fe de San Cosme y San Damián, entonces el gobernador mandó a que los echaran al mar para que murieran ahogados. Sin embargo, una ola los devolvió a la orilla. Inmediatamente se ordenó que murieran en la hoguera, pero las llamas no los alcanzaron a ellos sino a sus verdugos.

Finalmente, fueron decapitados. En décadas posteriores, muchos creyentes enfermos acudían a la tumba y lograban sanarse de forma milagrosa y repentina, incluso Justiniano, el emperador de Constantinopla, dio fe y testimonio de haber sido curado con tan sólo tocar la tumba de los Santos Gemelos.

Peticiones

Se les ruega para tener buena salud, especialmente para curar enfermedades desconocidas, contar con el diagnóstico y el medicamento indicado y reconciliar hermanos que estén disgustados.

Oración

Señor que moras en tu trono celestial, nuestro médico y remediador eterno, que hiciste a los hermanos San Cosme y San Damián inquebrantables en su fe, invencibles en su heroísmo, y humildes de corazón, para llevar salud a las dolencias humanas. Permite que por la intercesión de ellos, sea sanada nuestra enfermedad, y que por ellos también la curación se dé pronto y sin ninguna recaída. Confiando en tu infinita bondad y misericordia, te agradecemos con el alma. Amén.

Santa Cristina: 24 de julio

Se cree que nació alrededor del año 300 en Bolsena, Italia. Su padre era un gobernador que detestaba a los cristianos. Cristina tuvo varias doncellas a su servicio, entre ellas hubo dos que conocían las enseñanzas de Jesús. Las doncellas la instruyeron desde muy pequeña. La Santa se tomó muy al pie de la letra las enseñanzas religiosas y comenzó secretamente a desaparecer las imágenes de los dioses paganos que había en su casa y en las casas de sus amigas. Su padre muy disgustado trató de persuadirla, pero fue inútil.

Cuando éste murió, otros gobernadores trataron también de hacer que ella rechazara el cristianismo. Al observar que ningún intento daba resultado, la condenaron a muerte, con ello creyeron que causarían temor a los fieles, pero se equivocaron porque con la muerte de la santa, muchas más personas se convirtieron.

Peticiones

Se le pide protección por los niños abandonados, los huérfanos y por todos aquellos menores que son maltratados, explotados u obligados a trabajar.

Oración

Señor, Dios nuestro, te alabamos por los dones de bondad que has infundido en el alma de Santa Cristina. Glorifica a esta fiel hija tuya y haz que su camino de fe coherente, de admirable pureza, de heroísmo en el amor filial, sea para los creyentes de hoy, llamada eficaz a un compromiso de vida cristiana. Concédenos la gracia que por su intercesión te pedimos, y da a las familias la paz y la unión, frutos del verdadero amor. Amén.

San Crispín: 25 de octubre

Nació en el siglo III. Perteneció a una familia pudiente de Roma, y según la leyenda, tenía un hermano llamado Crispinian. Ambos abrazaron el cristianismo desde los inicios de la adolescencia.

Para transmitir la palabra de Dios, se dedicaron al oficio de zapateros, de ese modo no llamaban la atención de las autoridades. Trabajaban gratis, contaban con una clientela muy numerosa y lograron convertir al cristianismo a miles de paganos.

Durante la persecución a los cristianos ordenada por Diocleciano, fueron arrestados y como no renunciaron a su fe, les torturaron horriblemente en una rueda de púas, les cortaron parte de la piel, fueron sumergidos en agua y metales hirvientes, los lanzaron a un río, pero nada parecía causarles la muerte. Murieron cuando se les decapitó.

Peticiones

Rogarle en caso de secuestros, extorsiones, por los presos políticos y para tener justicia en asuntos judiciales.

Oración

Bienaventurado eres Señor, porque has llamado al seguimiento de Jesús a tu fiel siervo San Crispín y, por el camino de la alegría lo has conducido a la más alta perfección evangélica; por su intercesión y por su ejemplo, haz que practiquemos constantemente la generosidad y que cada día nos volvamos seres más honestos, puros de corazón y fieles a tu palabra. Amén.

San Cristóbal: 25 de julio

Nació y vivió en Asia Menor durante el siglo III. Convencido de querer servir al mundo, se convirtió al cristianismo luego de que un ermitaño le habló del poder de Dios. San Cristóbal no quiso hacer lo que muchos hacían, predicar y ayunar. Él pensaba que existían otras formas de servir al Señor.

Un día el ermitaño le mostró un río de aguas turbulentas, el que muy pocos se atrevían a cruzar; entonces San Cristóbal, tomó su bastón y su espada y comenzó a transportar a todos aquellos que necesitaban cruzar el río. En otra ocasión le tocó llevar a un niño, quien a medida que se adentraba en la corriente, se hacía cada vez más pesado. Cuando llegaron a la orilla, el pequeño le confesó que era el "Niño Jesús", y le mandó a enterrar su bastón en el medio de la corriente, del cual nacieron unas flores grandes y hermosas.

San Cristóbal siguió predicando. Al final el rey de la región lo envió a torturar y decapitar. Es el Santo Patrón de los viajeros, aeromozas y sobrecargos.

Peticiones

Se le pide protección antes de hacer un viaje y antes de salir de casa.

Oración

Concédeles a los fieles que te invocan, ¡Oh! Glorioso San Cristóbal, que sean salvos de todo peligro, peste, epidemias, temblores de tierra, del rayo, de la tempestad, de incendios e inundaciones. Protege a los fieles en su tránsito por el mundo. Ilumina el sendero con la luz de tus ojos bienaventurados. Concédenos la dicha y la confianza de salir de casa y llegar sanos y salvos a nuestro destino. Sea tu santa presencia la que conduzca nuestras almas a la presencia del Todopoderoso. Amén.

D

San Damián: *(Ver San Cosme y San Damián)*

Santo Divino Niño Jesús: 25 de diciembre

La devoción al Niño Jesús tuvo sus inicios en el Monte Carmelo, cuando Cristo, junto a sus padres y abuelos, visitaban el lugar para orar. Años después de la resurrección, la veneración se extendió por todo el mundo.

El Divino Niño es una advocación ampliamente reconocida en toda América, siendo Colombia el país en el que se le rinde el mayor tributo y homenaje. En el año 1935, un sacerdote salesiano de nombre Juan Rizzo, llegó al sur de Bogotá con la misión de hacer públicos los milagros realizados por el Niño Jesús. En ese tiempo se prohibía usar la imagen del Niño de Praga, ya que otra antigua orden reclamaba los derechos de la imagen. Entonces, el padre Rizzo encargó otra imagen, la que le fue entregada el 20 de julio de ese mismo año. Al llegar la nueva imagen del Divino Niño con los brazos abiertos, la gente comenzó a rezarle.

Prontamente se obraron milagros en la salud de los ancianos, los desempleados hallaron un oficio, las familias volvieron a unirse y todo un pueblo consiguió vivir en paz.

Peticiones

Se le pide para cubrir cualquier necesidad, por nuevas oportunidades laborales y para restablecer la buena salud y condición física.

Oración

Oh Divino Niño Jesús, recurro a vos y os ruego por vuestra Santísima Madre, me asistáis en esta necesidad, porque creo firmemente que vuestra divinidad puede socorrerme. Espero con confianza obtener vuestra santa gracia, me arrepiento sinceramente de mis pecados y os suplico mi buen Niño Jesús, me deis fuerzas para triunfar sobre ellos. Os amo con todo mi corazón y con toda la potencia de mi alma. Por vuestro amor, amaré a mi prójimo como a mí mismo. Amén.

Santo Domingo de Guzmán: 8 de agosto

Los padres de Santo Domingo eran nobles, parientes cercanos de los reyes de Castilla, León, Aragón, Navarra y Portugal. Nació en Caleruega el año 1170, y desde niño sus padres le inculcaron una fe infinita en el poder de Dios. Fue un joven muy estudioso, sobresaliente en artes, letras, teología y filosofía.

En 1194 se ordenó como sacerdote. Siempre contó con el apoyo y protección del rey Alfonso VIII de Castilla, quien lo nombró embajador especial y le envió a Dinamarca para finalizar los detalles de la boda de su hijo. De regreso de su viaje, observó cómo la herejía se había apoderado de gran parte de la población francesa, por ello decidió quedarse predicando en Francia. Abdicó obispados y otros nombramientos, todo para predicar la palabra de Dios.

En el año 1215 estableció la primera casa de su orden de los Predicadores, u "Orden de los Frailes Dominicos". En 1216 recibió del Papa Honorio III, la confirmación de su orden de "Los Frailes Predicadores". El hecho más sorprendente que le ocurrió en vida a Santo Domingo fue aquel en el que la Santísima Virgen María se le apareció, le entregó el Santo Rosario y le enseñó a rezarlo.

Su vida la dedicó enteramente a predicar la palabra de Dios, convirtió a muchos herejes, algunos de ellos hasta abrazaron la vida religiosa. Tuvo el gran placer espiritual de ver crecer su orden. Siempre atareado y con pocos momentos de descanso, Santo Domingo consagró su vida en el nombre de la religión.

En julio de 1221, contrajo una enfermedad que se prolongó por varias semanas, la que finalmente le causó la muerte el 6 de agosto de ese mismo año. Fue declarado santo en el año 1234.

Peticiones

Se le ruega para incrementar la fe, hacer prevalecer la justicia y la verdad cuando se sufre una calumnia.

Oración

Oh Dios Misericordioso, que te dignaste iluminar la fe de los creyentes por medio de los merecimientos y enseñanzas del santo e ilustre padre Domingo de Guzmán. Haz que por su intercesión, siempre sea yo merecedor de los auxilios y las gracias del cielo, para que pueda ser digno testimonio de todo el amor, la benevolencia y la doctrina predicada por tu hijo Jesucristo. Amén.

Santo Domingo Sabio: 12 de junio

Nació en San Giovanni di Riva, Italia. Su familia era de clase humilde y trabajadora, todos creyentes en la palabra de Cristo. Realizó su primera comunión a los 7 años y a la edad de 12 tuvo un encuentro con San Juan Bosco, quien le acogió y le sirvió de guía espiritual en Turín. Al comenzar sus estudios secundarios, decidió entregarse de lleno a la fe religiosa y a la santidad. Rezaba constantemente, era amable, caritativo y dadivoso con el prójimo.

A los 14 años fundó la Compañía de la Inmaculada, a la cual pertenecen los grandes colaboradores salesianos. Un año más tarde contrajo una seria enfermedad que le postró en una cama, por lo que tuvo que trasladarse a vivir nuevamente con sus padres. El día 9 de marzo de 1857 falleció a la edad de 15 años. Fue proclamado Santo por el Papa Pío XII en 1954.

Peticiones

Rezarle cuando haya sido acusado falsamente. Se le pide protección para los niños y por los adolescentes que tienen malas compañías.

Oración

Santo Domingo Sabio, que con aquel sagrado firme propósito de querer ser santo, en la escuela de San Juan Bosco, conseguiste en plena flor de la vida el esplendor y ventura de la santidad, consigue también para nosotros, tus devotos de corazón, la perseverancia en los buenos propósitos para hacer de nuestra alma el templo vivo del Padre, el Hijo y el Espíritu Santo y así, el día que partamos de este mundo, seamos merecedores en la dicha de la vida eterna. Amén.

Santa Dympna: 15 de mayo

Según cuenta la tradición, Santa Dympna era hija de un rey pagano de Irlanda. La belleza de Dympna era conocida por todos en el reino, pero su padre nunca permitió que ningún hombre se le acercara, ni siquiera los príncipes más allegados a su reino. La vida de la santa siempre fue muy solitaria, no obstante, encontró su camino espiritual al ayudar a otros. Muchas tardes Santa Dympna solía acudir a un monasterio en el que se les brindaba consuelo y auxilio a las almas atormentadas por enfermedades mentales.

La ternura y bondad de la santa ayudó a curar a muchos. Un día, su madre, la reina de Irlanda, murió y el rey quiso casarse con su propia hija. Santa Dympna se negó horrorizada, huyó de Irlanda a Bélgica, pero pronto fue encontrada, apresada y decapitada por su propio padre.

Peticiones

Se le ruega por las personas que padecen enfermedades mentales, ansiedad, problemas de depresión, ataques de pánico y por aquellos niños que son abusados física y verbalmente por sus padres.

Oración

Venerada y casta Santa Dympna, Patrona y auxilio de aquellos que padecen trastornos nerviosos y emocionales. Es por todos conocido que tu caridad abarca a todas las naciones. Tú que siempre escuchas las plegarias y oraciones que te son ofrecidas, ruega por mí, para que pueda encontrar alivio a la crisis que ahora enfrento. Confiando en que tus súplicas ante Dios serán atendidas, te ofrezco humildes dotes de gratitud, humildad y confianza. Sea tu venerable auxilio, el refugio que me cobije en momentos difíciles. Amén.

E

Santa Eduviges: 16 de octubre

Nació en Alemania. A los 12 años sus padres la casaron con el duque Enrique de Silesia. Del matrimonio nacieron siete hijos. Aunque siempre quiso consagrar su vida a Dios, aprendió a amar a su esposo, ya que éste tenía nobles sentimientos. Ambos, aunque bastante jóvenes, se dedicaron a hacer obras de caridad y fundaron más de diez monasterios, entre ellos el de los Hermanos Canónigos de San Agustín.

También construyeron hospitales para los leprosos. Cuando su esposo falleció, decidió vestir los hábitos religiosos, pero sin hacer los votos, porque de esa manera podía seguir administrando el dinero de su fortuna, dinero que puso a disposición de los más desposeídos. Su bondad traspasó las fronteras alemanas. Cuenta la tradición que tenía el don de la profecía y la curación. Siempre dedicó su vida a las obras de caridad hasta la fecha de su muerte en 1243.

Peticiones

Se le pide para que la familia se mantenga unida y por aquellas personas que atraviesan por penas económicas.

Oración

Glorioso eres Señor, por todos tus milagros y por haber enseñado a la bendita Santa Eduviges a claudicar con toda su alma a las vanidades del mundo, siguiendo ella, fielmente el camino de la cruz de Jesucristo. Concédenos por los méritos de la santa, a ser un fiel reflejo de su ejemplo para que así podamos también nosotros, renunciar a las pompas y tentaciones de estos tiempos y a salir vencedores ante las adversidades y tribulaciones. En el nombre del Padre, del Hijo y del Espíritu Santo. Amén.

Santa Elena: 18 de agosto

Nació en una posada en Bitinia, de la cual su padre era el dueño. A muy corta edad se desposó con un general romano, llamado Constancio. Del matrimonio nació un hijo llamado Constantino. Cuando Constancio llegó a convertirse en el sucesor del imperio, abandonó a Santa Elena y se casó con la hijastra del emperador. El hijo de ambos, Constantino, ganó una serie de importantes batallas que le convirtieron en emperador y nombró a su madre reina, e hizo que su rostro fuera grabado en las monedas del imperio.

Constantino se convirtió al cristianismo e hizo que su madre también se convirtiera. En pleno sexenio de su vida, Santa Elena se volvió cristiana y repartió entre los más necesitados, muchas de las riquezas del imperio romano. Según cuenta la tradición oral, Santa Elena viajó a Palestina, donde encontró vestigios de lo que fue la cruz de Jesucristo, que aún conservaba tres clavos.

Con la cruz sanó a varias personas de enfermedades incurables, como la lepra. Años después, Santa Elena hizo que se construyera una iglesia en el sitio en donde encontró la cruz. Es la Santa Patrona de los divorciados.

Peticiones

Se le pide por la salud de otras personas y para vencer la soledad.

Oración

Santa Elena, excelsa reina, que fuiste al calvario y tres clavos trajiste. El primero lo tiraste al mar, el segundo lo consagraste y el tercero, yo te lo pido, para que por medio de él, mis súplicas sean escuchadas, mis lamentos atendidos y mis necesidades satisfechas. Que venga la dicha y nadie la detenga. Que venga la paz y nadie la detenga y que venga el amor de la persona que me convenga. Todo te lo pido en honor y gloria al Redentor, nuestro Señor. Amén.

San Eloy: 1º de diciembre

Nació en Francia en el siglo VII, y es también conocido como San Eligio. Su madre fue una mujer dotada de virtudes cristianas y su padre un orfebre muy solicitado. Eloy se dedicó también a la orfebrería, se destacó en el arte de forjar el oro y la plata, por ello su padre tomó la decisión de enviarlo a París, para que se convirtiera en todo un orfebre profesional.

Fue tan reconocida la calidad de su trabajo, que el rey de Francia, Clotario II, le encargo un trono adornado con oro, topacios, zafiros y otras piedras preciosas. El rey quedó muy satisfecho con el trabajo realizado y pocos días después le nombró director de la casa de la moneda de París. También se distinguió en la fabricación de hermosos relicarios. Años después, el sucesor del rey le obsequió unos terrenos, y prontamente decidió fundar un monasterio de hombres y otro de mujeres.

A los novicios les enseñó el arte de la orfebrería, con ello se conseguían fondos para hacer obras de caridad. Siempre desestimó la superstición y dedicó sus ganancias para ayudar a los más pobres y necesitados, asimismo fue reconocida su compasión por todos los animales. Murió el 1° de diciembre del año 660.

Peticiones

Pedir su patrocinio cuando se ha de inaugurar un negocio, y cuando se han de promover y vender productos de carácter religioso. Es un santo auxiliador para ahuyentar los malos espíritus y las almas en pena.

Oración

Señor, que diste fortaleza a San Eloy para que proclamara la fe en medio de los que no creían en la salvación de Cristo, te pedimos, por su intercesión, que nos concedas valentía para predicar tu reino entre los que no te conocen o te rechazan como único medio para alcanzar la vida eterna. Amén.

Santa Esperanza:
Ver Santa Fe, Esperanza y Caridad

San Esteban: 26 de diciembre

Nació en el primer siglo y fue uno de los primeros en seguir a Jesucristo. Predicó sus enseñanzas, lo que le trajo muchas calamidades con el pueblo judío. Un día fue llevado al sanedrín y les acusó de no ser respetuosos de su propia ley. La reacción de los presentes fue terrible, le arrastraron hasta las afueras del pueblo y le apedrearon hasta matarle.

Segundos antes de fallecer, le pidió a Dios que no castigara a sus agresores por el acto de barbarie que cometían en su contra. Entre la multitud que presenciaba los hechos se encontraba San Pablo, quien al no estar aún convertido al cristianismo, no hizo absolutamente nada para impedir que fuera asesinado (Hechos 6:9,7:60). San Esteban fue el primer mártir cristiano.

Peticiones

Invocarle en situaciones de racismo, injusticias sociales, abuso de autoridad y discriminación de cualquier tipo.

Oración

Las puertas del cielo se abrieron para San Esteban, el primero de los mártires, y por eso ha recibido los honores de la gloria celestial. Por ello rogamos a Dios Todopoderoso, quien concedió a San Esteban, la fortaleza para orar por sus verdugos, que él nos haga, a imitación suya, para que sepamos perdonar de corazón a cuantos nos hayan ofendido o causado algún mal, y no guardemos ningún resentimiento ni sentimiento de revancha por aquel que nos haya perjudicado. Por nuestro Señor Jesucristo. Amén.

San Expedito: 19 de abril

Vivió a principios del siglo IV bajo el imperio del emperador Diocleciano, quien años más tarde le mandaría a asesinar. Fue el comandante de una legión de soldados romanos. Por orden del emperador, fue sacrificado en Melitene, sede de una de las Provincias Romanas en Armenia. Su martirio ocurrió el 19 de abril del año 303.

A pesar de ser un soldado romano, encargado de defender el Imperio de Roma, cierto día, la gracia de Dios tocó su corazón y se convirtió al cristianismo. Según dicen, en el momento de la conversión un cuervo trató de persuadirlo que lo dejase para otro día, pero como todo buen soldado, San Expedito reaccionó enérgicamente, aplastando al cuervo, diciendo repetidas veces la palabra "hoy", añadiendo "no dejaré nada para otro día, a partir de este día seré un creyente de Cristo".

San Expedito ha sido reconocido por el don para resolver causas humanitarias y necesidades urgentes. Es el Santo Patrono de los jóvenes, socorro de los estudiantes, mediador en los procesos judiciales, procura la salud de los enfermos, ayuda a resolver los problemas familiares.

Peticiones

Se le pide por causas justas y cuando se necesita un milagro urgentemente. Muchos le piden para tener suerte en los juegos de azar y la lotería.

Oración

Majestuoso San Expedito, noble y fiel servidor de Dios, hijo escogido del cielo y benemérito servidor de Cristo. Así como enfrentaste el mal en nombre de la verdad, te ruego que apartes de mi memoria y sentimientos, todo pensamiento y acción pecaminosa. Del mismo modo, te ruego que reconfortes mi espíritu con el calor de tu célebre presencia. Amén.

F

Santas Fe, Esperanza y Caridad:
6 de octubre

No existe evidencia que estas hermanas hayan existido en realidad, sin embargo, estas virtudes consideradas teologales por la iglesia, con seguridad son necesarias para un verdadero crecimiento y desarrollo de la fe cristiana. Se cuentan leyendas similares en griego y latín de tres jovencitas de 12, 10, y 9 años respectivamente.

En griego las hermanas son: Pistis, Elpis y Ágape, hijas de Sofía.

En latín las hermanas son: Fides, Spes y Caritas, hijas de Sapientia.

En lengua castellana son: Fe, Esperanza y Caridad, hijas de Santa Sabiduría. Ellas, al igual que su madre, fueron mártires en Roma alrededor del año 120.

Peticiones

Se les ruega para que mantengamos un corazón puro y no caigamos en la tentación de la avaricia y la ambición desmedida. Pedirle milagros concernientes al amor y la salud.

Oración

Santas virtudes que acompañan y protegen el espíritu de todos los creyentes. Impregnen mi alma de gozo, mi corazón de bondad y mi existencia de luz divina. No me dejen solo ni por un instante, auxílienme en la dificultad y finalmente, acompáñenme en la postrera jornada que me conducirá a la gloriosa senda de la vida eterna. Amén.

San Felipe Neri: 26 de mayo

Es uno de los Santos Patrones de Roma. Nació en Florencia, Italia en 1515. Se distinguió desde pequeño por ser un niño ejemplar, que guardaba los mandamientos y las enseñanzas cristianas. Al quedar huérfano de madre, su padre lo envió a estudiar a Roma y a vivir en la casa de un tío, quien era muy rico y pretendía dejar toda su herencia al santo. Como San Felipe deseaba entregarse de lleno a servir a Cristo, abandonó la casa de su tío y decidió buscar albergue en casa de un amigo de Florencia. Allí dio clases a unos niños, quienes adoptaron con alegría las creencias católicas.

Siempre fue un hombre muy sencillo y humilde. Disfrutaba hacer el bien a los demás. En varias ocasiones se exaltaba de alegría al sentir la emoción que le provocaba su amor a Dios, una vez hasta le saltaron dos costillas.

En su vida cotidiana, daba clases de catecismo, visitaba enfermos, ayudaba a los desamparados, instruía a los niños en la religión. Fundó un hospital para los pobres. En 1551 se ordenó como sacerdote. La gente siempre gozaba con sus ocurrencias. En una ocasión enfermó de la vesícula, y cuando llegó el doctor a asistirle, el santo le pidió que se hiciera por favor a un lado porque la Virgen María, había llegado a sanarle.

Después de esto realizó muchas curaciones no sólo físicas, sino espirituales. Así fue como su fama se extendió en Roma y fuera de sus fronteras, multitudes de todas las clases sociales le seguían para pedirle consejos y ayuda. El 25 de mayo de 1595 su salud se debilitó, pero aún así se puso muy feliz, tanto, que su médico le dijo que nunca le había visto tan contento, a lo que el santo exclamó: "He sido llamado a la casa del Señor". A la medianoche murió. Fue canonizado en 1622.

Peticiones

Se le pide por la cura de enfermedades a las articulaciones, protección en desastres naturales, el bienestar de los infantes y para recuperar la alegría y la felicidad si se han perdido.

Oración

San Felipe Neri, santo de la alegría y la devoción, dónanos del Señor misericordioso los anticipos de la eterna delicia y líbranos de la amargura que trae el pecado y la tentación. Intercede por nosotros ante el trono de Jesucristo, para que seamos los felices merecedores de su perdón, su amor y su gloria. Bendito San Felipe, te encomendamos que guíes nuestros pasos y nos dirijas siempre hacia el bien y la bienaventuranza. Amén.

San Fernando: 30 de mayo

Nació en Salamanca, en el año 1199. Sus padres fueron Berengaria de Castilla y Alfonso IX de León. Al cumplir los 18 años se convirtió en Rey de Castilla.

A los 20 años de edad se casó con Beatriz de Saubia, con quien tuvo diez hijos. Unos años después, quedó viudo y se casó otra vez. Su segunda esposa fue Juana de Ponthieu y con ella tuvo tres hijos. San Fernando siempre se propuso divulgar la fe cristiana. Aun cuando luchó en contra de los moros invasores, les trató con humanidad y respeto. Rezaba constantemente y hacía obras de beneficencia.

Construyó iglesias, hospitales, monasterios y fue fundador de la Universidad de Salamanca. Como tributo a Dios por la victoria en sus batallas, remodeló la mezquita de Sevilla y la convirtió en iglesia. Murió en el año 1252 y en 1671 fue canonizado por el Papa Clemente IX.

Peticiones

Se le pide para perdonar ofensas y para ser perdonado, para obtener clemencia y justicia ante las autoridades, para alejar personas que quieran perjudicar a uno o a la familia.

Oración

San Fernando, rey piadoso, enviado del cielo, que uniste al amor de Dios el cuidado de los débiles. Enséñanos a regir a nuestros semejantes procurando para ellos la benevolencia, la justicia y el perdón. Siempre buscaste el bien del prójimo y la gloria de Dios, a ejemplo de Jesucristo que es el Señor que vive y reina por los siglos de los siglos. Amén.

Santa Francisca Javier Cabrini: 22 de diciembre

Nació en una zona rural en Lombardía, Italia, en 1850. Desde pequeña soñaba con ser misionera y viajar a China, sin embargo, su mala salud no le permitió ingresar al convento. Poco después buscó empleo en un orfanato e hizo los votos correspondientes. Unos años más tarde fundó la orden "Hermanas Misioneras del Sagrado Corazón", la que proveía educación cristiana a niñas desamparadas.

Santa Francisca insistió en ir a China, pero el Papa le pidió que viajara a Estados Unidos. Cuando llegó a Nueva York, ya contaba con cientos de alumnos, pero hacían falta escuelas. Una buena samaritana le apoyó con suficientes fondos y una propiedad, y así se fundó el primero de los 67 orfelinatos que la santa hizo construir. Gracias a su temple y convicción fue canonizada en 1946. Se le considera la Patrona de todos los inmigrantes. Fue la primera ciudadana americana en ser declarada santa.

Peticiones

Se le pide por asuntos de inmigración. No importa lo difícil que sea un caso, si se le pide con fe, ella le asistirá.

Oración

Bendita Santa Patrona de los inmigrantes, Santa Francisca Javier Cabrini, en este día te pedimos por todos los americanos, los del norte, los del sur, los del este y el oeste y por toda la juventud en peligro. No dejes de trabajar y de interceder en el cielo por los que todavía luchamos con peligros en esta tierra. Disuelve con tus plegarias los sentimientos racistas y ayúdanos a vivir con fe, en paz y en tolerancia con el prójimo. Amén.

San Francisco de Asís: 4 de octubre

Nació en Italia en 1182. Hijo de familia acaudalada, vivió sin preocupaciones, disfrutando de placeres y actividades propias de la juventud. Gustaba participar en peleas callejeras y aventuras militares, por las cuales estuvo varios meses encerrado en la cárcel de Perugia. Era una persona entusiasta, le gustaba vestirse muy bien y disfrutar de la atención de las doncellas.

En una ocasión, fue a la iglesia a orar y escuchó a una imagen de Cristo decirle: "Ve Francisco, y repara mi casa, que como ves, está casi en la ruina". Siguiendo el mensaje literalmente, decidió vender algunas de las posesiones de su padre y usar el dinero para reparar la iglesia. Tal acción enfureció a su padre, quien decidió desheredarlo. Para ese entonces, San Francisco ya había encontrado su verdadera vocación. Él sentía que todas las criaturas eran las palabras de Dios, hablaba con los pájaros, lobos, atendía a los leprosos, curaba enfermos, etc.

Fue muy espiritual y de carácter galante. Tenía dones poéticos, simplicidad, compasión, encanto, buenos modales. Siempre fue muy honesto y con un enorme amor, características que lo convirtieron, según las palabras de Benedicto XI, en "la más perfecta imagen de Cristo que ha existido".

Una noche mientras oraba, le aparecieron cicatrices por todo su cuerpo que correspondían a las cinco heridas de la crucifixión de Jesús. Era el estigma y el santo lo interpretó como un mensaje directo de Cristo. Las heridas nunca desaparecieron y fueron su fuente de debilidad y dolor que sufrió hasta su muerte el 3 de octubre de 1226. Dos años después fue canonizado por el Papa Gregorio IX.

Peticiones

Se le pide por la paz del mundo, por la ecología, para terminar con la crueldad y matanza de los animales y cuando se ha de establecer un nuevo comercio.

Oración

Venerado santo, San Francisco de Asís, lleno de amor divino y caridad os he visto. Jesús entregó el amor y la bondad a vos. Por ese motivo, rogad por el amor de Dios, que en aquella jornada, en la que me encuentre en serias dificultades, vos seáis la senda gloriosa que me dirija el camino correcto. Mi alma la entregaré a vos y vos la entregarás a Cristo. Amén.

San Francisco de Sales: 29 de enero

Nació en el castillo de Sales, Saboya, en el año 1567. Fue el primogénito de una familia acomodada, culta y de mucha influencia en la corte. Era el mayor de trece hijos. Su padre lo inspiró a estudiar leyes pero se decidió por el sacerdocio y se dedicó a ayudar a los pobres. Pasaba su tiempo predicando entre los Calvinistas y logró convertir a miles de personas al cristianismo en sólo dos años.

Fue un hombre de carácter muy humilde, su lema era "no pedir nada ni rehusar nada". Motivado por un gran interés en las letras, trabajó por 10 años en su obra de arte Introducción a la vida devota, de la cual existen por lo menos cuatrocientas ediciones.

Fascinado por la danza, Francisco creía que la belleza del arte era una escalera mística hacia Dios. Su creencia básica era que "Dios es el Dios del corazón humano". Fue el fundador de la Orden Salesiana y cofundador de la Congregación de la Visitación. Murió después de meses de padecer una enfermedad agónica en 1622.

Peticiones

Como es considerado el santo de amabilidad, se le pide para ser bien recibido en todas partes, para entablar amistades convenientes y ser respetado, para tener buena suerte en empresas que requieren de publicidad.

Oración

Noble y alabado San Francisco de Sales, tu nombre es medicina pura para el corazón del afligido, tus obras y enseñanzas son el orgullo de la fe verdadera. Tu vida fue un continuo desafío en busca de la realización y purificación espiritual. Como siempre fuiste ejemplo de la divina voluntad del

Señor, por eso te pido, que me enseñes a ser humilde y a reconocer la dulzura interior de mis hermanos. Para que así pueda yo, ser como tú, un fiel reflejo de la virtud de los corazones de Jesucristo y María Santísima. Amén.

San Francisco Javier: 3 de diciembre

Fue el menor de siete hermanos, nació en un castillo de Navarra, en España en 1506. A los 18 años fue a estudiar a París y en ese tiempo, sintió la vocación de ingresar a una nueva orden religiosa denominada, "Compañía de Jesús", fundada por San Ignacio de Loyola, a quien conoció personalmente.

San Francisco fue misionero en países asiáticos. Cuando llegó a la India, observó tristemente cómo los conquistadores cristianos maltrataban a los habitantes de la región. Predicaba en las calles, sanaba enfermos y llevaba la palabra de Dios a los leprosos. Su misión en Asia duró por más de 10 años. Viajó a Indochina, Cochinchina y Japón.

Debido a su naturaleza humanitaria y bondadosa, se ganó el respeto y admiración de la gente que le conoció. Bautizó a miles y miles de cristianos recién convertidos. Sentía que su verdadera misión era llevar el cristianismo por todo el mundo. En el año 1552, enfermó de gravedad y murió, antes de cumplir su meta de llegar a China. Fue un predicador incansable y capaz de realizar milagros. Es el Santo Patrón de los predicadores y misioneros.

Peticiones

Se le reza por la pronta recuperación tras una enfermedad, para alejar epidemias y recibir ayuda en momentos de angustia. Muchos fieles le ruegan para encontrar un trabajo mejor remunerado.

Oración

Amabilísimo y amantísimo santo, adoro con vos, humildemente, a la Divina Majestad y le doy gracias por los singu-
lares dones de gracia que os concedió en vida y por la gloria
de que ya gozáis. Os suplico, con todo el afecto de mi alma,
me consigáis por vuestra poderosa intercesión la gracia im-
portantísima de vivir y morir santamente. Os pido también
me alcancéis la gracia que te imploro, y si lo que pido no
conviene a mayor gloria de Dios, y bien de mi alma, quiero
alcanzar lo que para eso fuere más conveniente. Amén.

G

San Gabriel:
9 de septiembre

Es uno de los siete Arcángeles,
es el ángel mensajero de Dios,
su nombre significa "Poder de
Dios". De él existen varios relatos
de sus apariciones en la Biblia.

Se le apareció en forma de
hombre al profeta Daniel (Daniel
8:16; 9:21), a San Zacarías para
anunciar que su esposa Santa
Isabel daría a luz, a San Juan
Bautista (Lucas 1:11,19), y también a la Santísima Virgen María,
para anunciarle que sería la madre del Salvador del Mundo
(Lucas 1:26).

Peticiones

San Gabriel es uno de los grandes intermediarios entre el mundo y el cielo. Pídale cuando esté a la espera de grandes noticias, para resolver algún litigio, cuando necesite la protección de Dios o esté en el medio de una guerra.

Oración

Dios, que entre todos los ángeles que moran en el cielo, elegiste al Arcángel San Gabriel, para anunciar a María Santísima los misterios de tu encarnación, concédenos benignamente a los que celebramos su angelical santidad y festividad en la tierra, experimentemos su patrocinio en el cielo, y así seamos merecedores de tu reino. Amén.

Santa Genoveva: 3 de enero

Era la hija de Severus y Gerontia, quienes provenían de una familia muy pobre. Cuando tenía alrededor de siete años, San Germain se detuvo en la pequeña villa donde ella vivía, y su porte y consideración atrajo su atención. Después de los servicios religiosos, habló con ella y sus padres, ocasión en que se enteró de las ansias de la joven por dedicarse al servicio de Dios. Él le dio ánimo a seguir su vocación, y cuando cumplió quince años, le recibió formalmente su velo religioso.

Cuando sus padres murieron, Genoveva se mudó a casa de su madrina en París, donde se dedicó a realizar trabajos de caridad. No comía carne y rompía su ayuno solamente dos veces a la semana. Fue favorecida con dones extraordinarios, como la habilidad de leer conciencias, comunicarse con el otro mundo y ver el futuro.

Se le da crédito a sus oraciones por haber derrotado a Atila el mongol, quien en el año 451, estaba venciendo en Gaul y amenazando a París. Genoveva animó a la gente a defender la ciudad, diciéndoles que huir sería inútil y que París sería preservado. Los eventos justifican sus predicciones, pues los mongoles abandonaron el camino a París y se dirigieron hacia Orleáns, donde fueron derrotados por los romanos y los francos en los campos catalanes.

Peticiones

Se le reza para tener fortaleza frente a la adversidad y para ahuyentar a aquellos que vengan hacia nosotros con malos propósitos.

Oración

Misericordioso y amado Padre que estás en el cielo, te rogamos que acudan en nuestro auxilio, los méritos y bondades de tu gloriosa virgen, Santa Genoveva, para que gozando de su intercesión, disfrutemos de una buena salud, del cuerpo y del alma. Y también por medio de su intercesión, tengamos algún día la dicha de la salvación y la gloria de la vida eterna. Por Cristo nuestro Señor. Amén.

San Gerardo Majella: 16 de octubre

Nació en la pequeña villa de Muro, en Italia. Su única ambición desde pequeño fue seguir los pasos de Jesucristo. La muerte de su padre cuando él contaba con sólo 12 años, lo obligó a abandonar la escuela y convertirse en aprendiz de sastre. Todo lo que ganaba lo dividía en tres partes: una para su madre, otra para los pobres y la parte restante para las necesidades de la iglesia.

Se convirtió en un hermano laico y su bondad y santidad causaron mucha admiración, siendo transferido de monasterio en monasterio. En una ocasión, una mujer embarazada levantó una calumnia en su contra, sin embargo, la mujer se arrepintió meses después y confesó la verdad. Se cree que ella estaba enamorada del santo.

San Gerardo contaba con muchos dones y talentos, dentro de los que se destaca, el poder leer el pensamiento de algunas personas, aparecer en dos lugares al mismo tiempo o "don de bilocación", curar a la gente, ver lo que sucedía en lugares lejanos y tener control sobre los animales.

Peticiones

Por la protección de los infantes, las mujeres encinta. Récele si es víctima de una traición o si se ha levantado una calumnia en su contra.

Oración

Noble y piadoso San Gerardo, aunque fuiste falsamente acusado de crimen, y mil dedos te señalaron, nunca decayó tu sagrada fe y lograste sobrellevar la carga, justo como el Divino Maestro. Sin lamentos ni quejas, soportaste las calumnias de gente perversa. Por tu excelsa fortaleza has sido elevado por Dios como Santo Patrón de las mujeres embarazadas. Salva del peligro a los niños que están por nacer y aligera los dolores que acompañan a las madres a la hora de dar a luz. Todo te lo pedimos en nombre del Creador del universo. Amén.

San Gregorio Nacianceno: 2 de enero

Nació alrededor del año 330 en Nacianzo, Asia menor. En su juventud estudió en Palestina, Alejandría y en Atenas, ciudad en la que estrechó fuertes lazos de amistad con San Basilio. Al poco tiempo regresó a su ciudad natal, donde fue bautizado y se dedicó enteramente a ser monje. Allí se reencontró nuevamente con San Basilio.

En el año 361 fue ordenado sacerdote y 11 años más tarde fue nombrado párroco de la iglesia de la ciudad. Los católicos de Constantinopla le tenían en gran aprecio y admiración, porque el santo era todo un ejemplo de fe, fortaleza y bondad. Por ello le nombraron Arzobispo de esa ciudad en el año 384. Sin embargo, las disputas entre los mismos cristianos le hicieron dimitir y regresar a su tierra.

Durante algunos años se dedicó a la filosofía y la escritura, llegando a realizar una literaria de discursos, cartas y poemas de perfecta métrica y estilo. Murió en el año 390.

Peticiones

Pedirle para encontrar solución a problemas familiares, problemas con socios, situaciones con vecinos y para encontrar la solución correcta ante problemas familiares.

Oración

Señor Dios, que te dignaste instruir en los arduos caminos de la fe, con la vida y doctrina de San Gregorio Nacianceno, quien fue siempre fiel a tus mandamientos y honra de tu voluntad. Ayúdanos para que por su justa mediación, nosotros busquemos humildemente tu verdad y la vivamos fielmente en el amor que manda tu sagrado nombre. Amén.

San Guido: 12 de septiembre

Es uno de los santos más venerados en Bélgica, su país de origen. Se cree que nació alrededor del año 940. Siempre quiso prestar servicio a la iglesia y a los más necesitados. Cerca de cumplir los 25 años, comenzó a laborar como sacristán en la iglesia de Lacken. Se hizo muy conocido entre los feligreses, porque durante los muchos años en los que se desempeñó como sacerdote, organizó innumerables romerías a la Tierra Santa y Roma. En dichas romerías ocurrían curaciones milagrosas de las cuales hay muchos fieles testimonio. Después de varias décadas al servicio de la fe, Guido murió en el año 1012.

Peticiones

Se invoca para aliviar deficiencias físicas, resolver problemas económicos y curar enfermedades que no encuentran cura en la medicina tradicional.

Oración

Señor, Dios del cielo, que inspiraste a hombres sabios como San Guido a dejarlo todo para servirte en pureza, santidad y oración. Te pedimos Padre, que no falten hoy en tu gran comunidad, testimonios de muchas vidas que animen a los fieles a seguir las sagradas instrucciones de tu hijo Jesucristo, que mora y reina en el cielo por toda la eternidad. Amén.

I

San Ignacio de Loyola: 31 de julio

Nació en 1491 en Loyola, España. En plena juventud se dedicó al servicio militar y defendió a su patria en contra de los invasores. En 1521 cuando colaboraba en la defensa de Pamplona, fue herido en una pierna por una bala de cañón. Durante su convalecencia leyó material cristiano que le provocó una corta confusión entre lo espiritual y lo mundano. Al año siguiente decidió hacer una peregrinación al santuario de la Virgen de Montserrat, sitio en el cual se despojó del atuendo militar y se convirtió enteramente a servir a Cristo.

Tuvo que enfrentar a la inquisición, le censuraron por no tener suficientes estudios teológicos que le acreditaran para predicar y escribir sobre el tema. Estuvo preso en Salamanca y al salir se fue a París. Poco después fundó la "Orden de la Compañía de Jesús u Orden Jesuita", la cual fue confirmada por el Papa Paulo III en 1540. Meses después se trasladó a Roma, donde redactó las leyes de la Orden, predicó y adiestró a los nuevos sacerdotes. Llevó una vida justa, hasta la fecha de su fallecimiento en 1556. Fue canonizado por el Papa Gregorio XV en 1622.

Peticiones

Se le pide por justicia, para aligerar una convalecencia, por los jóvenes militares, por el fin de las guerras y para protección contra entidades negativas.

Oración

¡Glorioso San Ignacio de Loyola, fundador de la Compañía de Jesús, especial abogado y protector mío! Ya que tan elevado estás en el cielo, por haber hecho vuestras obras a mayor honra y gloria de Dios, combatiendo a los enemigos de la iglesia, alcánzame de la divina piedad, por los méritos infinitos de Jesucristo e intercesión de su gloriosa Madre, entero perdón de mis culpas y constancia en el camino de la virtud y la dicha de morir en su amistad y gracia, para verle, amarle, gozarle y glorificarle en vuestra compañía. Amén.

Santa Inés: 21 de enero

Considerada en la iglesia como Santa Patrona de la pureza, es una de las más populares santas cristianas, y su nombre está incluido en el canon de la misa. Debido a sus riquezas y hermosura, a la edad de 13 años fue pretendida por varios jóvenes de las principales familias romanas, sin embargo, la joven había consagrado su virginidad al Señor Jesús.

Ante esta negativa, sus pretendientes la denunciaron como cristiana al gobernador, quien utilizó halagos y amenazas para persuadirla, pero todo fue en vano, pues Inés se mantuvo firme en su decisión. Al ver esto, el gobernador la envió a una casa de meretrices, donde acudieron muchos jóvenes licenciosos, pero que no se atrevieron a acercársele, pues se llenaron de terror y espanto al ser observados por la santa. El gobernador enfurecido la condenó a ser decapitada. El cuerpo de la santa fue sepultado a corta distancia de Roma, junto a la Vía Nomentana.

Peticiones

Se le ruega para mantener firme las convicciones cristianas, se le reza por los niños enfermos menores de 13 años y por las jóvenes que han tomado un camino equivocado.

Oración

Señor del cielo, Padre bondadoso que eliges a los más débiles ante el mundo para confundir a los más fuertes. Concédenos Señor, el privilegio de ser como Santa Inés, fieles al amor y a la fe de Jesucristo, que padeció por todos nosotros. También fiel en la abundancia y en la carestía, en la felicidad y en la tristeza. Que por la mano protectora de Santa Inés, viva siempre bajo el amparo de los que vuelan a la protección divina que brinda Dios a los hombres de buena voluntad. Amén.

Santa Isabel: 5 de noviembre

Junto con su esposo, San Zacarías, pasaron muchos años casados sin poder tener un hijo. Un día San Zacarías se fue al desierto y permaneció allí por varios meses, hasta que el Ángel San Gabriel se le apareció y le dijo que su esposa ya estaba encinta.

Después Isabel concibió un hijo y estuvo oculta durante cinco meses, sin contar a los vecinos que iba a tener un niño. "Dios ha querido quitarme mi humillación y se ha acordado de mí", afirmó un día la santa.

El ángel Gabriel contó a María Santísima, en el día de la anunciación, que Isabel iba a tener un hijo. Ella se fue corriendo a casa de Isabel y se quedó por tres meses, acompañándola y ayudándole en todo, hasta que nació el niño Juan, cuyo nacimiento fue un verdadero acontecimiento.

"Que Dios conceda a los padres de familia el imitar a Zacarías e Isabel, llevando como ellos una vida santa; siendo justos ante el Señor, y observando con exactitud todos los mandamientos y preceptos de Dios. Nada es imposible para Dios". (Palabras del ángel a Zacarías).

Peticiones

Se le ruega por los partos complicados, por la salud de mujeres que tienen embarazos de alto riesgo y para alejar poderes malignos.

Oración

Santa fuerte y portentosa, que fuiste elegida para ser madre del más santo y justo de todos los mártires. Tú que fuiste bendecida, dale sosiego a mi espíritu, serenidad a mi alma y bienestar a mi hogar. Madre excelsa de Juan el Bautista, llena mi corazón de verdadera fe y no permitas ceder cuando sea acosado por las fuerzas del mal y la tentación. Amén.

San Isidro Labrador: 15 de mayo

Nació en Madrid el 4 de abril de 1082. Vivió humildemente. Tras la invasión árabe, se trasladó a un pequeño pueblo en las cercanías de Sevilla. Poco después contrajo matrimonio con María de la Cabeza, y luego fue declarada Santa. Alrededor del año 1109 regresó a Madrid y trabajó como empleado de una familia acomodada. En esa época nació su único hijo, Juan.

Su vida de labrador y carpintero siempre fue muy sencilla, demostrando ser muy devoto de Santa María Magdalena y ocupándose de los más necesitados. Realizó milagros en vida, como aquella vez que hizo brotar agua de una roca para darle de beber a un sediento. Sus plantaciones y cosechas en la hacienda donde trabajaba siempre fueron increíblemente abundantes, y de ellas repartía una parte a los más necesitados. Así, vivió junto a su hijo y esposa una vida ejemplar, hasta la fecha de su muerte en el año 1172.

Murió a los 90 años y mucho antes de su muerte, ya se le consideraba un santo. Fue canonizado en 1622 por el Papa Gregorio XV y su esposa fue proclamada santa en 1752.

Peticiones

Récele para que siempre tenga trabajo, suerte en trabajos agrícolas y jardinería, buena salud, amigos sinceros, abundancia de recursos y paz espiritual.

Oración

Glorioso San Isidro Labrador, tu vida fue un fiel ejemplo, llena de caridad y sencillez, de arduo trabajo y oración; enséñanos a compartir el pan de cada día con nuestros semejantes, y haz que el trabajo de nuestras manos bendiga a la tierra y sea al mismo tiempo plegaria de alabanza al nombre de Dios. Del mismo modo que tú lo hiciste, queremos acudir confiadamente a la bondad de Dios y ver su mano misericordiosa en nuestras vidas. Te lo pedimos en el nombre de Cristo. Amén.

J

San Joaquín: 26 de julio

Es el padre de la Virgen María y por ende esposo de Santa Ana y abuelo de Jesucristo. Aunque es muy poco lo que se sabe de su vida, en las primicias de la vejez fue bendecido y escogido por Dios para ser el padre de la más pura y bendita de todas las mujeres. Junto a su esposa Santa Ana, le dieron una formación más que ejemplar a la que sería posteriormente la madre del Hijo de Dios.

San Joaquín fue un hombre modelo de las virtudes justas, fue honesto, dadivoso, trabajador, responsable, respetuoso y colaborador con sus semejantes. Fue protector de los animales y un esposo ejemplar. Hoy es un santo muy venerado y su fecha de celebración coincide con la de Santa Ana.

Peticiones

Se invoca por las mujeres que no pueden quedar embarazadas, por la unión familiar, por una pareja honesta y fiel, por los abuelos, cuando se necesita un consejo y antes de tomar una decisión importante.

Oración

Glorioso padre de María Santísima, felicísimo abuelo de Jesús, modelo perfecto de humildad, y dulce abogado mío, yo me alegro contigo de aquel gozo y consuelo que tuvisteis cuando, después de una larga espera y de fervorosas oraciones, os avisó el ángel que tendrías tan santa hija. ¡Quién fuera, como tú, frecuente en la oración, compasivo con los pobres, amante de la soledad, sufrido en los trabajos y callado en los improperios! Por las gracias con que os previno el cielo para tan eminente dignidad, alcanzadme que, haciendo siempre la voluntad divina y venciendo mis pasiones, logre la dicha de gozar de vuestra amable compañía en la gloria de Jesucristo. Amén.

San Jorge: 23 de abril

Nació alrededor del siglo III en Inglaterra. Se sabe que vivió como cristiano y murió siendo mártir, también se cree que fue un hombre del cual "sólo Dios conoce su vida y obra".

Según la leyenda un monstruoso dragón moraba en las cercanías de un lago cerca de la ciudad de Selena, Libia. El dragón destruía las cosechas y amenazaba también a los moradores de la pequeña ciudad. Con el objeto de mantenerlo alejado, los habitantes le ofrecían dos ovejas diarias para que se las comiera. Cuando había escasez de ovejas, se hacía necesario un sacrificio humano, por lo que se escogía una doncella joven y hermosa para tal cometido.

Un día en pasaba por tal ciudad, la hija del Rey había sido escogida para el sacrificio. El santo se apiadó de la muchacha y de los pobladores y decidió quedarse un tiempo para ayudarles. Cuando el dragón apareció, San Jorge hizo la señal de la cruz y con gallardía se enfrentó al monstruo, quien se acercaba amenazador. San Jorge calculó sus movimientos, tiró su lanza contra el monstruo y le arrebató la vida. Inmediatamente después, se dirigió al impresionado y agradecido pueblo, del cual veinte mil personas se convirtieron desde ese momento. El Rey le ofreció a Jorge la mitad de su reino, pero el santo no aceptó, Lo único que él deseaba a cambio era que el Rey mantuviese íntegra su fe y que fuera bondadoso con los más necesitados.

Peticiones

Se le pide por la justicia, la libertad, para vencer el miedo, la adversidad y las personas que vienen con malas intenciones, para descubrir a los mentirosos y protegerse de los ladrones. También se acude a él en caso de posesión de espíritus.

Oración

Insigne y poderoso San Jorge, fiel ejemplo de humanidad, del pecado y la maldad, nos salvaste con tu lanza protectora. Por tu divina humildad, glorioso mártir, te pedimos una pronta intercesión para vencer los peligros que nos acechan, las tentaciones que nos persiguen y las penas que nos congojan. De ese modo, lograremos una feliz resolución a nuestras angustias y arribaremos a buen puerto, el que nos tiene reservado el Señor del cielo y los ejércitos. Amén.

San José: 19 de marzo

No existe mucha información sobre la vida de San José. Se sabe que fue el esposo de la Virgen María y padre de Jesús. Se le conoció por ser un hombre ejemplar, carpintero de profesión y descendiente directo de la casa del rey David. San José murió varios años antes de la fecha de pasión y crucifixión del Redentor, por ello fue que Jesús le encomendó a San Juan que cuidara de su madre cuando él ya no estuviera vivo.

San José es conocido por ser un santo muy milagroso. La misma Santa Teresa de Ávila reconoció la excelsa intercesión de él diciendo: "no puedo recordar alguna vez que le haya pedido algo y no me lo haya cumplido. A otros santos el Señor parece haberles dado gracia para ayudar en una necesidad especial; pero a este santo glorioso, lo sé por experiencia, le ha dado la gracia de ayudarnos en todo".

Peticiones

Las mujeres le rezan para encontrar un buen esposo, los hombres para encontrar una buena mujer con quien casarse, y los hijos, para que sus padres se amen y permanezcan juntos. Asimismo se le pide por trabajo, por buena salud y cuando se necesita vender una propiedad.

Oración

Gloriosísimo San José, padre y señor benevolente, tú que fuiste el celoso guardián del hijo de Dios y de su noble madre la Santísima Virgen María, ruega por nosotros ante el Señor del cielo, alcánzanos la gracia de mantener un espíritu siempre iluminado, un corazón puro, para ser fieles testigos y atentos cumplidores de la voluntad del Padre, el Hijo y el Espíritu Santo. Amén.

San José de Arimatea: 17 de marzo

Nació varios años antes que naciera Jesús en Arimatea, ciudad de Judea a unos 37 kilómetros de Jerusalén. Era miembro del Sanedrín y fue uno de los discípulos secretos del Mesías. Se opuso a que Cristo fuera condenado (Lucas 23:51). Después de la crucifixión, le pidió a Poncio Pilatos que le fuese entregado el cuerpo de Jesús para poder darle sagrada sepultura (Marcos 15:43). Muy poco se sabe de su vida posterior a estos hechos.

Peticiones

Se le reza por aquellas personas que tienen enfermedades terminales, para tener una muerte serena y sin dolor y por los condenados a muerte.

Oración

San José de Arimatea, hijo de Judea y fiel creyente de las enseñanzas de Nuestro Señor Jesucristo. Tú, que diste santa sepultura a los restos del Salvador, y asististe a su Madre y a Santa María Magdalena, en aquel trance doloroso. Del mismo modo te suplicamos que intercedas por nosotros ante la sede celestial, para que todas nuestras penas y angustias encuentren consuelo mediante el perdón y la misericordia del Todopoderoso. Amén.

San José de Cupertino: 18 de septiembre

Nació en Italia en el seno de una familia muy pobre en el año 1608. Su padre falleció cuando él era muy pequeño y su madre siempre lo vio como una carga. Desde adolescente comenzó a alimentar sus virtudes cristianas.

Fue un destacado sacerdote franciscano. Al principio fue aceptado como un hermano lego, pero al poco tiempo, sus superiores se dieron cuenta de sus grandes cualidades espirituales y prontamente fue preparado para el sacerdocio. Al poco tiempo se convirtió en presbítero, gracias a los destacados exámenes que presentaba, él decía que era la Santísima Virgen quien le ayudaba en todos sus estudios. Realizó muchos milagros en vida y era capaz de levitar en presencia de otras personas. Fue declarado santo en 1767. Es considerado el Santo Patrón de los estudiantes.

Peticiones

Se reza para encontrar la verdadera vocación, facilidad para el aprendizaje, tener éxito en una carrera universitaria y contar con buen prestigio.

Oración

Querido San José de Cupertino, purifica mi corazón, transfórmalo al bien y hazlo semejante al tuyo, infunde en mí, tu fervor, tu sabiduría y tu sagrada fe. Muestra tu bondad, ayudándome, y yo me esforzaré en imitar tus virtudes. Oh Dios misericordioso, que dispusiste atraerlo todo a tu unigénito Hijo, elevado sobre la tierra en la Cruz, concédenos que, por los méritos y ejemplos de tu Confesor San José de Cupertino, sobreponiéndonos a todas las tentaciones terrenales, merezcamos llegar a él, que contigo vive y reina por los siglos de los siglos. Amén.

San Juan Bautista: 24 de junio

Se cree que nació unos seis meses antes que naciera Jesucristo. Su madre fue Santa Isabel, prima de la Virgen María y su padre San Zacarías, un sacerdote del templo de Jerusalén. Desde niño se ocupó por los asuntos espirituales y por ayudar a los demás.

A la edad de 29 años comenzó a bautizar a los fieles en el río Jordán. Con el bautismo liberaba a las personas de sus pecados, y los preparaba para la salvación que Jesús traía consigo. Cuando San Juan bautizó a Cristo, una paloma se posó sobre su cabeza, era el Espíritu Santo. San Juan criticaba el matrimonio adúltero de Herodes Antipas, quien había desposado a Herodías, la esposa de su propio hermano. Por tal motivo Herodes mandó a encarcelar a San Juan.

En medio de una festividad ofrecida para un alto funcionario de Roma, Salomé, la hija de Herodías, bailó una danza para los presentes. Al terminar, Herodes le dijo que le pidiera lo que ella quisiera, y ella pidió la cabeza de San Juan Bautista. Horas después, el santo fue decapitado.

Es el Santo Patrón de los herreros, del bautismo y de San Juan, la capital de Puerto Rico.

Peticiones

Rogarle en casos de enfermedad, ataques y convulsiones. Se le pide para rodearse de personas de buenos sentimientos y mantener viva la llama de la fe.

Oración

Noble y misericordioso, San Juan Bautista precursor del Redentor, luz destellante del alba, música del cielo y mayor entre todos los santos. Hijo de la magnífica gracia, príncipe santísimo, concédeme el favor que te ruego, y envuelve mi espíritu con abundante gracia y misericordia. Acércame al reino de Dios y ayúdame a alcanzar las bendiciones y maravilla de la vida eterna. Amén.

San Juan Bautista de La Salle: 7 de abril

Nació el 30 de abril de 1651 en Francia. Desde siempre fue un niño muy religioso. A los 11 años recibió la tonsura, a los 16 se le nombró miembro del capítulo de la Catedral de Reims. En 1670 ingresó al seminario de San Sulpicio, en París, y ocho años después fue ordenado sacerdote. Un religioso de Reims, que se encontraba muy enfermo, le pidió que por favor se hiciera cargo de un orfanato y escuela de niñas.

En 1681 formó e instruyó a siete de los maestros del orfanato. Desde entonces su interés por educar a niños y maestros fue muy latente. Formó el "Instituto de los Hermanos de las Escuelas Cristianas", inaugurando después cuatro escuelas más. En 1687 estableció el primer Instituto para la formación de profesores en Reims, al que le siguieron el de París (1699) y el de Saint-Denis (1709). Además, escribió un tratado en el que proponía un sistema educativo ideado por él mismo. Murió el 7 de abril de 1719.

Peticiones

Se le reza para tener éxito en los estudios, vencer obstáculos, ganar aliados y reconciliar enemigos.

Oración

Oh Señor de los ejércitos, que para instruir a los niños pobres en la senda de la fe y para afianzar a la juventud en el camino de la verdadera espiritualidad, elegiste a San Juan Bautista de La Salle, y en torno a él, surgió en tu iglesia una nueva congregación de insignes religiosos. Concédenos entonces, que por su oportuno ejemplo y mediación, encontremos tu gloria en la salvación de las almas, para que podamos participar de tu recompensa en el cielo, en el día del juicio final. Amén.

San Juan Bosco: 31 de enero

Nació en 1815 en Piamonte, Italia. Siendo adolescente ingresó al seminario de Chieri, en medio de muchas limitaciones económicas. Cuando cumplió con todos los requerimientos, fue trasladado al seminario mayor de Turín, donde comenzó a reunir niños desamparados todos los domingos, y a instruirlos en catecismo y letras.

Poco a poco comenzó a dar alojamiento a más niños abandonados, los que llegaron a sumar más de cuarenta. Para poder darles lo necesario, Don Bosco, como también se le conoce, trabajaba de sol a sol y aún así conseguía tener tiempo para enseñarles. Fue así como decidió construir talleres educacionales, inaugurando los dos primeros en la primavera de 1853. Tres años más tarde los talleres contaban con más de ciento setenta internos y con la cooperación de diez sacerdotes que hasta impartían clases de latín. También se contaba con más de quinientos jovencitos que eran estudiantes externos, cuyos padres eran muy pobres y no podían costear los gastos de su educación.

En el año 1859, San Juan Bosco decidió organizar la congregación de los Salesianos, la cual debido a la burocracia que reinaba en el Vaticano, tardó quince años en ser aprobada. Cuatro años después, ya había 39 sacerdotes. El siguiente paso del santo fue crear una congregación de monjas, la que se inauguró en 1872 con el nombre de "Hijas de María Auxiliadora". San Juan Bosco envió misioneros a todos los países del nuevo mundo y pudo ver realizada la labor de toda su vida. Las escuelas y colegios salesianos hoy en día, están propagados por toda Europa y América. San Juan Bosco murió a la edad de 73 años en 1888. Fue canonizado en 1934.

Peticiones

Rezarle especialmente por los jóvenes menores de veinte años, para que les vaya bien en la vida, para alejarlos del alcohol y las drogas, y para que sean en el futuro hombres y mujeres justos y productivos.

Oración

San Juan Bosco, tú has querido mucho a la juventud y a ellos dedicaste toda tu vida orientándolos en el camino del bien y la oración. Te ruego que continúes también hoy desde el cielo con tu misión de salvación. Haz que nuestros jóvenes crezcan sanos y generosos, que rechacen las ocasiones del mal, y que se empeñen con todo entusiasmo en vivir plenamente una vida sana, para que sean siempre auténticos testimonios de Cristo Jesús. Amén.

San Juan de la Cruz: 14 de diciembre

Nació en España en 1546. En su niñez y adolescencia se destacó por ser muy juicioso y buen estudiante. Cuando cumplió los veinte años, ingresó al convento de los Padres Carmelitas, fue ordenado como sacerdote en 1567. Su vida entera la dedicó a Dios, la oración y ayuda a los feligreses.

Santa Teresa, quién años antes había fundado la comunidad de las Carmelitas descalzas, observó las virtuosas aptitudes de Juan de la Cruz y creyó que era él, el religioso indicado para que fundara la comunidad de "Carmelitas descalzos". Alrededor de ocho años después, fue nombrado Fray Juan de la Cruz, en esa época fundó un nuevo convento en Salamanca. Fue escritor, filántropo y poeta.

Su libro más famoso es *La Subida del monte Carmelo*, y uno de sus más hermosos poemas *Cántico espiritual*.

Los devotos a su iglesia le consideraban un santo viviente. Murió después de padecer una dolorosa enfermedad el 14 de diciembre de 1591.

Peticiones

Se le pide para mejorar la situación económica, para que los desempleados encuentren trabajo rápidamente y por los que sufren enfermedades crónicas.

Oración

Glorioso Dios y Señor nuestro, que al bendito San Juan de la Cruz, le concedisteis ser amante fervoroso de los trabajos cristianos, soporte y cruz de vuestro Santísimo Hijo, y una abnegación perfecta de sus pasiones y apetitos; concédenos, Señor, por sus méritos y ruegos, que mediante su patrocinio e imitando sus nobles virtudes, merezcamos en el cielo ser compañeros de su gloria, por los siglos de los siglos. Amén.

San Juan de Dios: 8 de marzo

Nació en Portugal en 1495 y fue bautizado con el nombre de "Juan Ciudad". Sus padres murieron cuando estaba muy joven. Luego de viajar por varios países europeos entró al servicio militar, para después dedicarse a diferentes ocupaciones como, pastor, supervisor de esclavos, vendedor de libros y pinturas religiosas, y administrador del estado. Tenía fama de cometer excesos sexuales y otros pecados.

Cuando tenía unos 41 años de edad, escuchó un sermón de San Juan de Ávila, y se convirtió con tanta pasión, que públicamente anunció todas sus faltas. Debido a la ferviente fe que manifestó, muchos lo consideraron loco y le encerraron en un asilo por varios meses. San Juan de Ávila le visitó y convenció que desistiera de su penar público y que dedicara su energía en algo que ayudara a otros y a sí mismo.

Juan comenzó un nuevo camino inmediatamente, cuidando de los otros ingresados al asilo. El resto de su vida lo dedicó a dar posada y cuidado a los necesitados. Rentaba una casa donde podía cuidar de los abandonados y enfermos, y los milagros comenzaron a suceder. Recibía ayuda, contribuciones, y su trabajo creció. Asistía a todo aquel que venía a él, incluyendo vagabundos, borrachos y meretrices. Cuando le preguntaban por qué ayudaba a personas de ese carácter, Juan decía simplemente "el Hijo de Dios vino de pecadores".

Es el Santo Patrón de los que trabajan en hospitales, escritores y distribuidores de libros religiosos.

Peticiones

Se le reza para curarse o liberarse de cualquier padecimiento, ya sea físico o emocional. Rogarle especialmente por aquellas personas que han de recibir un trasplante de órganos.

Oración

Señor, tú que llenaste de fe y misericordia el espíritu de San Juan de Dios, haz que nosotros, practicando las obras de caridad, merezcamos encontrarnos un día, entre los elegidos de tu salvación el día del juicio final. Tu esperanza era confianza en el Salvador, "no confiar en sí mismo, sino sólo en Jesucristo, pues sólo él conoce mi corazón, y nos dará la vida eterna". Desde tu benevolencia y fe, bendito San Juan de Dios, ayúdame a ver a Dios como Padre Omnipresente y a Santa María, como madre celestial. Amén.

San Juan Evangelista: 27 de diciembre

San Juan fue quien, junto a San Andrés, tuvo una conversación previa con Jesús, momentos antes que fuera apresado en el Monte de los Olivos. Pertenecía al "grupo privilegiado" de Pedro y Santiago. San Juan es el autor del libro *Revelaciones* que se encuentra en el *Nuevo Testamento* y de otras tres epístolas. Fue aprehendido con San Pedro y compareció ante el Sanedrín.

Desde el martirio de la cruz, Jesús le encomendó a su Santa Madre, María. Cuando Santa María Magdalena encontró la tumba vacía, fue a buscar a San Juan, quien junto a Pedro corrió hacia el santo sepulcro. San Juan llegó primero, pero fue Pedro el primero en entrar. Cuando reconocieron a Jesús en el Mar de Tiberiades, el Señor habló con San Juan y le dijo que nunca moriría.

Viajó a Samaria, donde predicó que los convertidos podían recibir el Espíritu Santo. En Jerusalén, estuvo presente en el Concilio de Apóstoles. Los romanos lo apresaron y enviaron a las minas, fue exilado a la isla de Patmos, en donde siguió predicando la palabra de Dios hasta el día de su muerte. Es el Santo Patrón de los exiliados y presos políticos.

Peticiones

Se le pide por ayuda divina cuando hay momentos de peligro y persecución.

Oración

¡Oh excelso Señor Jesucristo, tú que tienes un especial amor por tu apóstol Juan el Evangelista! Concédenos gracia para que te amemos tan verdaderamente como él te amó, y haznos participantes del amor que por él tuviste. Por tu misericordia, por Cristo nuestro Dios, que con el

Padre y Espíritu Santo vive y reina por siempre, para gloria de todos los creyentes. Amén.

San Juan María Vianney: 4 de agosto

Nació en Francia alrededor de 1786. En su juventud fue valiente y siempre proclamaba las bondades de Dios. Cuando cumplió 21 años, ingresó al seminario, sin embargo, le fue bastante difícil aprobar los exámenes ya que tenía problemas de retentiva, situación que le convertía en un estudiante de poco rendimiento. Finalmente en 1815 fue ordenado sacerdote, se distinguió por ser un hombre de sentimientos puros y conciencia justa. Tres años después fue enviado a ejercer el sacerdocio en una aldea de menos de trescientos habitantes. "Ars", su nuevo hogar, le convirtió en santo.

Como dato curioso, se dice que fue perseguido y asediado por el espíritu de las tinieblas durante casi tres décadas, pero con sus penitencias, oraciones y fuerza de voluntad, logró ahuyentarlo. La bondad de San Juan se hizo célebre en toda la región, luego en todo el país y sus fronteras. Cientos de personas acudían diariamente a él. Hacía confesiones, daba consejos, cantaba la misa y ejecutaba curaciones milagrosas.

La pequeña aldea se convirtió en un santuario en vida de San Juan. Cuando falleció en 1859, millares de fieles nacionales y extranjeros, le acompañaron a su última morada. Fue proclamado santo en 1925 y en 1929 se le declaró Patrón del clero parroquial.

Peticiones

Se invoca para vencer obstáculos, librarse de enemigos ocultos y ahuyentar las fuerzas del mal.

Oración

San Juan María Vianney, ¡cuánto confiaban los fieles en tus oraciones! No podías abandonar tu humilde iglesia sin verte rodeado por centenares de almas implorantes, que recurrían a ti al igual que hicieron al mismo Jesús Cristo durante su vida terrenal. Y tú, buen santo, siempre les infundabas fe y esperanza con tus palabras que estaban llenas de amor y sabiduría para Dios. Tú, que siempre confiabas enteramente en el corazón de Dios, obtén para mí una confianza filial y profunda en su Providencia. Así como la esperanza de bienes divinos llena mi corazón, dame valor y ayúdame a obedecer siempre los mandamientos del santo creador. Amén.

Santa Juana de Arco: 30 de mayo

Nació en 1412 en Donremy, Francia. Era iletrada, pero su madre, que era muy piadosa, le infundió una gran confianza en Dios y una tierna devoción hacia la Virgen María.

A causa de los estragos causados por la invasión de los ingleses, Francia atravesaba una difícil situación. Por revelación divina, la santa supo que su misión era salvar a su patria y al rey de las manos de Inglaterra. Pese a que sus familiares, amigos y oficiales de la corte francesa refutaron su petición de tener un encuentro con el rey, luego de muchos intentos, conversó con el monarca, quien quedó impresionado por la sabiduría y revelaciones que ella expuso.

Los ingleses habían invadido y dominado casi toda Francia; sólo faltaba una ciudad importante: Orleans, y por petición de Santa Juana, el rey Carlos y sus militares le concedieron el mando sobre las tropas, nombrándola capitana. Juana mandó a confeccionar una bandera blanca con los nombres de Jesús y María, y al frente de diez mil hombres se dirigió hacia Orleans, donde logró un triunfo glorioso.

Sin embargo, contaba con muchos enemigos que la acusaron de practicar brujería y conjuros para obtener sus conocidas victorias en Francia. Fue apresada y llevada a Inglaterra. Ella siempre negó todas las acusaciones y pidió que el Pontífice fuese quien la juzgase. Su petición fue rechazada, y la santa fue condenada a perecer en la hoguera.

Murió el 30 de mayo de 1431, a los 19 años, rezando y sintiendo el consuelo de mirar el crucifijo que un religioso le presentaba para encomendarse a Nuestro Señor. Fue beatificada por Pío X, el 11 de abril de 1909 y canonizada por el Papa Benedicto XV, el 16 de mayo de 1920. Su muerte ha sido considerada como una de las peores injusticias cometidas por la Inquisición.

Peticiones

Se le reza para que la fe no decaiga en momentos de zozobra, también para que mejoren las condiciones políticas y sociales de una nación, cuando se sufre una guerra civil y para que siempre prevalezca la justicia.

Oración

Santa Juana de Arco, sublime mensajera de Dios, y por su misión, tuviste que enfrentar los problemas de tu pueblo que fue invadido, y afrontaste con gallardía los peligros de una guerra sin cuartel. Divina intercesora inspirada por Dios, liberaste a muchos y fuiste cruelmente condenada a la hoguera, simplemente por haber sido divinizada por el Señor. A tus pies he venido a rogarte que yo pueda vencer imposibles, ganar fuerza espiritual y vivir mi vida, honrando la voluntad del cielo. Amén.

San Judas Tadeo: 28 de octubre

Era hermano de Santiago el joven. Se le veía frecuentemente con un hacha en la mano, como símbolo de su martirio. Predicó en India, Siria y Persia, donde le dieron muerte a hachazos. Su cuerpo fue llevado a Roma, donde descansa y es objeto de veneración. Los emigrantes recién llegados de Europa se acogieron a este santo. La veneración a San Judas Tadeo es muy conocida en la mayoría de las naciones que profesan la fe católica. Es un santo aclamado como muy milagroso. Es el Patrón de las causas desesperadas.

Peticiones

Se le ruega por casos difíciles, situaciones desesperantes, para liberarse de injusticias y alejar enemigos y peligros.

Oración

Glorioso e insigne apóstol San Judas Tadeo, Patrón de los casos difíciles, siervo fiel y amigo de Jesucristo. Ruega por mí y ven en mi ayuda, para que pueda recibir los consuelos y el socorro del cielo. Entrego en tus manos mis necesidades y tribulaciones, confiando en tu divina asistencia. Apártame de todos los males y condúceme en el camino de los que serán testigos de la segunda venida del Redentor de los hombres. Amén.

L

San Lázaro: 17 de diciembre

Existe una confusión entre San Lázaro y Lázaro, el hombre que Jesucristo resucitó.

San Lázaro era un desamparado, mendigo de quien se habla en Lucas 16:19–31. Jesucristo le describe como un hombre muy, muy pobre, que sufre el desprecio de la gente, pero que ante los ojos de Dios es un hombre justo y apreciado por Él. La historia de San Lázaro siempre fue utilizada para darle a entender a la gente que el Señor mide el precio de las personas no por la pompa de la riqueza ni por su apariencia, sino por sus acciones y la voluntad de su corazón. San Lázaro es representado en imagen como un anciano con muletas acompañado por dos perros.

Peticiones

Invoque al santo para sanarse de enfermedades, especialmente de las piernas y la piel, también para no contraer el mal de Alzhaimer y el mal de Parkinson.

Oración

Patrón de los pobres y desamparados, llamo a tu espíritu para pedir de ti un favor. Mantengo vivo tu recuerdo y llevo en mi mente el caudal de todos tus milagros. Te invoco para que siempre me protejas y hagas justicia por mí, y clamo tu bendito nombre para que me sea concedida esta humilde petición. Confiado en tu infinita bondad, a través del poder y la gloria de Dios, nuestro Señor. Amén.

San Lorenzo: 10 de agosto

Nació en el siglo II. Era uno de los diáconos de la iglesia de Roma.

En el año 257, el emperador romano Valeriano, comenzó una cruenta persecución en contra de los cristianos. Un año después, el Papa San Sixto II, fue apresado, torturado y decapitado. San Lorenzo estuvo con él en todo momento, y murió ejecutado tres día más tarde.

San Lorenzo siempre quiso estar cerca de Jesucristo, y su deseo le hizo en gran medida olvidar y hasta ignorar el dolor durante su tortura. Desde antes de su muerte ya se le adjudicaba como "hacedor de milagros". El Emperador Constantino mandó a edificar la primera capilla en el lugar que hoy en día ocupa la iglesia de San Lorenzo, la quinta basílica Patriarcal de Roma.

Peticiones

Pídale para conservar la paz y bienestar familiar, cuando enfrente problemas económicos y enfermedades digestivas.

Oración

Oh Dios, que encendiste las llamas del fuego para los tres jóvenes, concédenos benignamente a tus siervos fieles que no nos abrase la llama del pecado. Te imploramos, Señor, que vigiles nuestras acciones con tu luminosa presencia y las acompañes con tu misericordia, para que así todas nuestras oraciones y obras se dirijan siempre en ti, y por ti se concluya todo pecado. Te pedimos Señor poder apagar las llamas de nuestros vicios, del mismo modo que tú le concediste a San Lorenzo vencer el fuego que atormentaba su existencia. Amén.

San Lucas: 18 de octubre

San Lucas dejó escrito que en su evangelio están las verdades en las que los cristianos habían sido instruidos. Nació en el siglo I. Fue historiador y trabajó escribiendo tratados y tomos en griego.

San Lucas convivió muy de cerca con San Pablo, incluso en ambos períodos en los que este último estuvo en la cárcel. Todos los hechos que vivieron al conocer la palabra de Cristo fueron ordenados y detalladamente escritos en el Evangelio según San Lucas. Estudió y analizó profundamente la vida y obra del Maestro Jesús, no se le conoció esposa ni hijos. Redactó el evangelio en Grecia y falleció a la edad de 84 años en Beocia. El emperador Constantino ordenó que las reliquias del santo fueran trasladadas de Beocia a Constantinopla.

Peticiones

Pídale cuando necesite encontrar su vocación, para concentrarse en el trabajo y para curarse de algún mal espiritual.

Oración

Señor de los cielos, que inspiraste a tu siervo San Lucas, el doctor, a manifestar con el evangelio el amor y el poder sanador de tu hijo Jesucristo; demuestra en los feligreses el mismo poder y amor, para salud de nuestros cuerpos y salvación de nuestras almas. Te lo suplicamos en nombre del redentor, que sacrificó su vida por el perdón de nuestras culpas. Amén.

Santa Lucía: 13 de diciembre

De acuerdo a la historia tradicional, Lucía nació de padres ricos y nobles alrededor del año 283. Su padre era romano y el nombre de su madre era Eutychia, que parece indicar que provenía de linaje griego.

Lucía se había consagrado desde muy temprana edad a Dios, y esperaba usar sus riquezas para servir a los pobres. Su madre no era tan generosa, pero después de una peregrinación hecha a las reliquias de Santa Ágata, donde Eutychia fue curada de unas hemorragias que había sufrido por varios años, Lucía persuadió a su madre a permitir que gran parte de su riqueza fuera distribuida entre los necesitados.

La repartición de una parte de su fortuna enojó a un joven noble, con el cual Lucía se había comprometido por tres años, y él la denunció con el gobernador de Sicilia. Esto sucedió en el año 303 durante la fiera persecución de Diocleciano en contra de los cristianos. Lucía fue condenada a una casa de prostitución, pero no dejó la corte pese a las órdenes; una fuerza invisible la mantenía arraigada al lugar. Ni siquiera una yunta de bueyes pudo arrastrarla a ese lugar de vergüenza. Finalmente encendieron una pira alrededor de ella, pero aún así, se mantuvo viva en medio de las llamas y entonces un verdugo le perforó la garganta con una daga, dándole la muerte.

Peticiones

Se le pide para tener la vista en buen estado, para curarse de enfermedades en los ojos y para que acaben los problemas entre familiares.

Oración

Gloria Santa Lucía, protectora de la visión del mundo. A quien previno el Señor desde su dulce infancia, con las bendiciones de su gracia. Os suplico Santa mía, me alcancéis de la sagrada trinidad el fervor más devoto, para servirte y honrarte. Y así como vuestro espíritu dichoso sirvió fielmente a Dios desde la infancia, inflamada por los ardores de su amor, no desistiendo de aquel noble empeño, hasta llegar a poseerle coronada con laureles de virgen y mártir. Asimismo yo consiga mediante tu intercesión milagrosa, su perdón, gracia y misericordia. Y así el día que parta de este mundo, pueda verle y gozar de su presencia en la vida eterna. Amén.

San Luís Bertrán: 9 de octubre

Nació en Valencia en 1526. Sus padres procedían de la clase noble y no deseaban que fuera sacerdote, pero de todas formas él se las arreglaba para recibir la instrucción de un novicio. A pesar de los contratiempos, pudo tomar los hábitos en 1544. Tres años después fue nombrado presbítero y en el año 1549 se le nombró como maestro de novicios y estudiantes. En 1562 fue enviado como misionero a Nueva Granada, territorio que actualmente comprende Colombia. Allí evangelizó a miles y con su esfuerzo creó los cimientos de una fe sólida entre todos los pobladores de la región.

En 1569 retornó a Valencia y se dedicó nuevamente al adiestramiento de los novicios.

Para él, el camino de la santidad está basado en el "Temor a Dios". Mantuvo comunicación con Santa Teresa de Jesús y se consideraba a sí mismo un fraile reformado.

Fue superior del Real Convento de Predicadores en 1575. Quienes le conocían y escuchaban sus consejos y sermones, le consideraban un santo sabio viviente. Murió en 1581. Sus restos fueron venerados en Valencia por varios siglos, hasta que durante la guerra civil española, fueron quemados. Fue canonizado por el Papa Clemente X en 1671.

Es el Santo Patrón de Colombia desde 1960.

Peticiones

Se le pide por el bienestar de hijos y hermanos, el rápido aprendizaje de un idioma o costumbre extranjera, para librarse de espíritus malignos y por una vida pacífica.

Oración

Bendito San Luís Bertrán, yo te ensalmo y te clamo, en el nombre de la santísima trinidad, las tres divinas personas, la Santísima Virgen María, Santa Gertrudis, las Once Mil Vírgenes, San José, San Roque, San Sebastián y todos los Santos de la Corte Celestial. Por todos tus dones, te suplico que nos liberes de enfermedades, daños, accidentes, fiebres, heridas, llagas, hechizos, maleficios y conjuros. Ya que se te ha concedido la divina potestad de auxiliar a los que buscan tu amparo y protección, libéranos de las cadenas que nos impiden continuar sin tropiezo la senda bendita de Jesucristo, Nuestro Señor. Amén.

San Luís Gonzaga: 9 de marzo

Nació en 1568 en Lombardía. Desde la infancia decidió entregarse a Dios y siendo un adolescente quiso ingresar a una orden religiosa. Cuando tenía dieciocho años ingresó a la compañía de Jesús. Su padre siempre estuvo en contra de su vocación, pues quería que el santo se dedicara a la carrera militar. San Luís siempre se distinguió por ser un joven casto y de nobles sentimientos. Tiempo después fue trasladado a Milán, allá por esos días tuvo un sueño en el que se le reveló que no le quedaba mucho tiempo de vida.

Hacia el año 1590 su salud ya comenzaba a dar señales de flaqueo; entonces se decidió que fuera a Roma para seguir con sus estudios teológicos. Un año después en 1591, una epidemia de fiebre atacó a toda la ciudad. Los sacerdotes de la orden jesuita, ayudaron y asistieron a los enfermos, siendo San Luís el más abnegado entre todos ellos. Meses más tarde, alrededor del 21 de junio, murió por causa de la fiebre a los 23 años de edad. La fecha de su canonización data del año 1726. Es el Santo Patrón de la juventud católica.

Peticiones

Se le invoca para aliviar la fiebre, la influenza, las enfermedades debilitantes, para alejar las plagas de insectos y roedores y para resolver querellas legales.

Oración

Dichoso San Luís Gonzaga, que fuiste adornado con las más nobles y santas costumbres. Nosotros, tus fieles devotos, te rogamos por la castidad de nuestra alma y por la pureza de espíritu, para que no caigamos en vicios mundanos ni en tentaciones. No permitas, príncipe celestial, que mi alma caiga presa de la impureza, más bien, infunde en mí la sagrada memoria del sacrificio de Jesucristo. Llévame ante la presencia del padre para que pueda acogerme en su divina gracia, perdonar mis pecados y hacerme gozar de su salvación. Amén.

San Luís Rey: 25 de agosto

Nació en 1214, su padre fue el rey Luís VIII de Francia. Ya desde su temprana juventud comenzó a fundar abadías. En el año 1239 el emperador de Constantinopla le obsequió la "Corona de Espinas", en símbolo del aprecio y agradecimiento que él y todos los cristianos del medio Oriente y Palestina, le tenían por la ayuda generosa que les procuró.

El santo mandó a edificar un sitio especial para allí colocar la reliquia, por ello se construyó la "Sainte Chapelle". Participó en las cruzadas, ganándose gran admiración por su valentía. Fue un noble caritativo con el pueblo, siempre generoso con el necesitado. En París fundó un hospital para invidentes, al cual siempre le enviaba donativos.

Fue un hombre justo hasta la fecha de su muerte, en el año 1270. Fue canonizado 27 años después. Lastimosamente, su tumba fue profanada durante la revolución francesa.

Peticiones

Siempre se le reza y pide por otras personas, familiares, amigos o conocidos.

Oración

Piadoso San Luís Rey, tu vida en la tierra fue un cúmulo de santas virtudes. Y ahora que desde el cielo observas nuestro proceder, te rogamos nos orientes en el camino del bien y nos apartes de toda ocasión de pecado. Acércanos a la bondad celestial, para que seamos dignos de recibir la gracia y el favor de Dios y su santo reino. Amén.

M

San Marcos: 25 de abril

Fue un fiel seguidor de Cristo. Se cree que sus padres eran dueños de la casa en la que se celebró la "última cena". Aunque en los tiempos en que Jesús predicó, San Marcos era aún un niño, desde ese entonces se interesó en seguir y practicar la doctrina del Redentor.

Cuando llegó a la edad adulta acompañó a San Pablo y a San Bernabé en uno de sus viajes. Con el paso del tiempo se convirtió en un amigo cercano y hasta en secretario de San Pedro. Día tras día profundizaba en el cristianismo y memorizaba pasajes de la vida de Jesucristo, relatados por San Pedro. A partir de esos relatos y enseñanzas fue como redactó parte de la vida de Jesucristo, que ahora se conoce como el *Evangelio según San Marcos*. Se cree que el santo fue obispo en Egipto por varios años, pero los enemigos del cristianismo le martirizaron un 25 de abril.

Es el Patrono de la ciudad de Venecia, en la cual se alza la imponente catedral de San Marcos.

Peticiones

Se le ruega para salir de la pobreza, encontrar un buen trabajo, proteger el hogar en contra de accidentes, incendios, ladrones y gente mal intencionada.

Oración

Amado Señor Jesucristo, Hijo de Señor, dador de toda bondad, que has bendecido todos los rincones de la tierra con el bendito caudal de tus Santos Evangelios. Instrúyenos, te rogamos, en la doctrina que nos fue transmitida por tu evangelista San Marcos, y haz que mantengamos viva la llama de la fe y devoción en el Padre Creador. Amén.

Santa Margarita: 20 de julio

También llamada Marina, era la hija de un sacerdote pagano. Su madre murió luego de su nacimiento y ella fue criada por una mujer muy beata de los alrededores.

Un oficial romano se sintió atraído por su belleza cuando un día la vio cuidando el rebaño de su señora, y pensó en hacerla su amante o su esposa. Cuando ni sus elogios o amenazas de castigo pudieron persuadirla para que sucumbiera a sus deseos, él la llevó a jurado público en Antioquia. Amenazada con muerte a menos que renunciara a su fe y les rindiera homenaje a los dioses paganos, ella se rehusó y fue condenada a la estaca. Se hizo un atentado para quemarla pero las llamas se debilitaban y morían dejándola sin ningún daño. Después se le arrojó en un calabozo donde un terrible dragón se la tragó, el cual murió al instante, y Margarita salió viva y sin ninguna herida. Finalmente fue decapitada.

Peticiones

Se le reza por la fidelidad de la pareja y para que nunca caigamos en el pecado de la lujuria.

Oración

Oh, Santa Margarita María, a ti que el Sagrado Corazón de Jesucristo, te hizo participe de sus divinos tesoros, te imploramos nos favorezcas todas las gracias y favores que solicitamos al rezar esta oración, y así ser auténticos testimonios de tus bondades. Que el Sagrado Corazón nos conceda nuestras peticiones por medio de tu luminosa intercesión, para que él sea glorificado y amado a través de ti. Todo lo pedimos, por Cristo nuestro Señor. Amén.

Santa María Goretti: 6 de julio

Nació en Corinaldo, Italia, el año 1890, en una familia humilde. Su niñez, que fue bastante dura, transcurrió en Nettuno (cerca de Roma), ocupándose de su madre y las tareas domésticas. Era piadosa y asidua en la oración. A los 11 años de edad fue amenazada con un punzón por un joven que trató de abusar de ella. Prefirió morir antes que pecar. Durante su agonía perdonó a su atacante, quién, tras años de cárcel, se convirtió.

El Papa Pío XII, que la canonizó el 24 de junio de 1950, la definió como "pequeña y dulce mártir de la pureza".

Peticiones

Se le pide que proteja a los niños, especialmente de las enfermedades, los accidentes y los depredadores. Es la Santa Patrona de los niños huérfanos.

Oración

Señor, Dios Todopoderoso, fuente de la inocencia y amante de la castidad, que concediste a tu sierva Santa María Goretti, la gracia del martirio en plena adolescencia, concédenos a nosotros, tus hijos, los humildes pecadores que por su intercesión, tengamos firmeza para cumplir tus mandamientos, ya que le diste a ella la corona del premio por su fortaleza en el martirio. Por nuestro Señor Jesucristo. Amén.

Santa María Magdalena: 22 de julio

Según el nuevo testamento, María Magdalena, fue una de los discípulos más fieles y cercanos a Jesucristo. Muchos la han desprestigiado creyéndola una prostituta, y otros la consideran como la compañera espiritual en vida del Redentor. Lo que sí es cierto, es que estuvo con Jesús hasta el final, lloró su muerte más que nadie.

Fue la primera persona en ver de nuevo a Jesucristo después de la resurrección. Según la leyenda, María Magdalena huyó a Francia después de la muerte de Jesús. Otros afirman que murió en Efeso y que su cuerpo fue venerado por varios siglos en Constantinopla.

Peticiones

Se le pide calma en momentos de ira, se le ruega para que podamos perdonar a nuestros enemigos y se le implora para que nuestra fe en el Señor nunca decaiga.

Oración

Santa María Magdalena, tú fuiste elegida por Jesús, para conocer de cerca los misterios de la fe, fuiste compañera de él, en su camino hacia el calvario y mil lágrimas derramaste por amor al Redentor, probando tu verdadera fe en el Salvador. Por esos merecimientos tuyos, te suplico me ayudes a alejar a los que vienen a causarme daño, aleja también de mí la oportunidad de pecar y acércame al camino que conduce al bienestar espiritual y a la vida eterna prometida por Cristo nuestro Señor. Amén.

Santa Martha: 29 de julio

Era la hermana de Lázaro y María, y probablemente la mayor de los tres. Fue la anfitriona de Jesús cuando él visitó su casa en Betania, un pequeño pueblo en las afueras de Jerusalén.

Martha tipifica la vida activa, porque cuando Jesús estuvo en su hogar, fue ella quien le sirvió, mientras que María se sentó a escuchar al visitante. Al quejarse Martha por ser la única que estaba sirviendo en ese momento, Jesús le dijo que cada persona tiene su lugar en la vida y que no deben hacerse comparaciones del valor de cada uno.

Se dice que tiempo después, Martha vivió en Francia y enseñó en el Valle de Rhone. En ese lugar, un dragón apareció del río, causando destrucción, quemando con su aliento y aplastando todo a su paso. Martha lo roció con agua bendita, lo ató con su liga, y lo llevó doblegado a su destrucción.

Peticiones

Se le ruega para vencer obstáculos, fuerzas ocultas y derrotar las fuerzas del mal.

Oración

Santa Martha milagrosa, tu fuerza y tu fe son la luz de esperanza que ampara a tus fieles devotos en momentos de ansiedad y angustia. Tú alejas de nosotros la oscuridad, y llenas nuestra morada de virtud e ilusión. Santa Martha milagrosa, tú venciste al gran dragón y no caíste en tentación alguna. Por eso te pido santa milagrosa que devuelvas la paz y la alegría que yo tenía en mi corazón. Amén.

San Martín Caballero: 11 de noviembre

También conocido como San Martín de Tours, nació en el año 316 en la región que ahora comprende Hungría. Era hijo de una familia pagana. Su padre era un oficial del ejército Romano. Recibió su educación en Roma y a la edad de quince años se vio forzado a servir en el ejército del imperio. Después de volverse cristiano, vivió su vida como un monje, rehusando a continuar sirviendo en el ejército a la edad de veintitrés años. Él afirmaba que "soy un soldado de Cristo y no es legal para mí luchar en un ejército".

Una leyenda dice que cuando era soldado, encontró a un mendigo que estaba casi desnudo. Era un día muy frío, y se quitó su capa, la cortó por mitad, dándole al hombre una parte para que se cubriera. Esa noche se le apareció Cristo en su sueño, vestido con la mitad de su capa, diciendo: "Martín me ha cubierto este día".

El demonio trataba muy a menudo de tentar a Martín en diferentes formas, a veces como dioses o diosas de la mitología pagana. Se le aparecían Mercurio, Júpiter, Venus o Artemisa para tentarlo, pero los ahuyentaba con sus oraciones y su crucifijo. El obispo San Hilario le cedió unas tierras en una zona apartada de Francia y allí fundó un convento, el primero en Francia. Luego vivió en Tours, donde fundó otro monasterio para dedicar sus últimos años a la enseñanza de las sagradas escrituras.

Peticiones

Se le implora para que haya abundancia de trabajo, para la buena suerte, para que abunden los clientes en un negocio y para conservar y desarrollar un corazón caritativo.

Oración

Honorable San Martín Caballero, que en piedad y amor, abrigaste a pobres y desamparados que se helaban en la calle, dividiendo tu propio manto en dos. Mira hacia los que te invocan y auxilia a los que imploran tu patrocinio y bendición. Intercede por nosotros ante el trono del Ungido, para que podamos encontrar ayuda en todas nuestras necesidades, tanto materiales como espirituales. Amén.

San Martín de Porres: 3 de noviembre

Nació en Perú en 1575. Su madre fue una esclava panameña y su padre un noble español, quien por tal razón, no lo reconoció como hijo.

San Martín creció pasando por muchas dificultades económicas. Durante la adolescencia trabajó como ayudante de un curandero, de quien aprendió a curar heridas, fracturas y recetar remedios. Prontamente comenzó a trabajar en un convento de frailes dominicos, donde se dedicó a procurar alimento a los pobres y a atender las enfermedades de los esclavos que llegaban de África.

Siempre se distinguió por ser un hombre bueno, compasivo. La fama de sus curaciones prodigiosas se extendió por toda la región. A los 25 años de edad se inició como hermano lego. Su compasión por todos los seres vivientes fue magnánima, fundó un hospicio de niños huérfanos y un refugio para animales desamparados. Vivió una vida ejemplar en santidad, hasta que falleció en 1639. Es el Santo Patrón de las relaciones sociales, la sociología y la justicia social.

Peticiones

Para preservar la tolerancia entre las razas, vencer el racismo y curar enfermedades que los médicos no han podido.

Oración

Beato y Santo Martín de Porres, que viviste únicamente para servir a Dios y tus semejantes. Tú que siempre estuviste dispuesto a brindar auxilio y socorro a los más necesitados, atiende bondadoso a quienes admirando tus virtudes, siempre están dispuestos en alabanza al Señor. Haznos merecedores de tu gran caridad, rogando por nosotros en el cielo y favoreciendo nuestras súplicas y favores en la tierra. El Altísimo premió tus méritos y tú premiarás nuestra devoción. Amén.

San Mateo: 21 de septiembre

Su nombre de pila era Levi. Antes de recibir el llamado de Jesús, San Mateo apóstol colectaba los impuestos en Cafarnaum, labor que realizaba en forma severa e indulgente, especialmente cuando trataba con morosos.

Escribió el Primer Evangelio y la genealogía de Jesús, en donde enfatiza que el Mesías era de naturaleza sumamente bondadosa y humana.

En el cristianismo, San Mateo es representado por la figura de hombre, en tanto en la iglesia Ortodoxa, lo es por uno de los cuatro triángulos que están formados por los arcos que conectan la cúpula de la iglesia.

Es el Santo Patrón de los contadores públicos, banqueros, y profesionales de las finanzas.

Peticiones

Se invoca para contar con ayuda divina en casos judiciales, especialmente en lo referente a préstamos e hipotecas. Se le pide su patrocinio para que nos ayude a saldar deudas.

Oración

Señor, Dios Todopoderoso, que por la boca de tu bendito hijo llamaste a San Mateo, del banco de los tributos, para que de publicano se convirtiese en apóstol y evangelista. Concédenos la gracia para renunciar a toda avaricia y deseo desordenado de riquezas, y para seguir al mismo Jesucristo tu hijo, que en unidad del espíritu santo vive y reina contigo en la eternidad del tiempo. Amén.

San Matías: 14 de mayo

Fue discípulo del Redentor y estuvo con él desde su bautizo hasta la ascensión. Después que Jesús ascendiera al cielo, más de cien de sus seguidores se reunieron en una asamblea, en la cual San Pedro propuso que se escogiera un discípulo para sustituir el puesto de Judas Iscariote, entre los doce Apóstoles. Cuando se realizó la votación, el escogido casi por decisión unánime fue San Matías.

De su vida se sabe poco, por lo que existen varias teorías sobre ella, su obra y peregrinación. Se dice que predicaba en Judea y Etiopía, y que luego fue crucificado. Otra fuente dice que fue apedreado y decapitado en Jerusalén por los judíos. Se dice también que su misión en Etiopía consistía en predicar a los bárbaros y caníbales. Se cree que murió en Sebastopolis y que fue sepultado cerca del Templo del Sol. Otras fuentes señalan que Santa Elena trasladó el cuerpo de San Matías de Jerusalén a Roma.

Peticiones

Se le pide para alcanzar perdón y misericordia cuando se ha obrado mal, para despojarse de malos sentimientos y malas intenciones, para tener temor al poder de Dios y para lograr ascensos.

Oración

Bendito Dios Omnisciente, que escogiste en lugar de Judas el traidor, a tu fiel siervo Matías, para que fuese contado entre los doce Apóstoles, los fieles testigos de Jesucristo. Concede que tu iglesia preservada siempre de falsos apóstoles, sea gobernada y dirigida por fieles, y verd aderos pastores, mediante la bondad y la divina misericordia de Nuestro Señor Jesucristo, el divino Redentor de toda la humanidad. Amén.

San Miguel Arcángel: 29 de septiembre

Junto con los Santos Gabriel y Rafael, es uno de los tres arcángeles mencionados en las santas escrituras. Él es el de más alto rango de los siete arcángeles y tiene cuatro obligaciones principales: luchar por siempre contra el poder maligno de Satanás, rescatar almas de las garras de la oscuridad, defender a todas las personas que creen en el poder de Dios, y llamar a todos los que parten de la tierra para llevar a esas almas ante el juicio del Creador. Es considerado como el Capitán de las legiones celestiales. San Miguel Arcángel ha sido coronado como el eterno vencedor en contra de todas las fuerzas del mal.

Peticiones

Se le pide para alejar energías y fuerzas negativas, para deshacer hechizos, embrujos y ensalmos.

Oración

San Miguel Arcángel, tú que eres el encargado de todos los trabajos en el mundo entero, acudo a tu sagrada presencia y enciendo una vela roja en tu honor. Te ruego que cuides y ampares a todos mis seres queridos. Consuélame cuando me encuentre en el medio de la angustia y desvanece toda maldad que encuentre en el camino. Ilumina mis pasos y encamíname al bien por medio de la purificación espiritual. Todo esto te lo pido en el nombre de Jesús de Nazaret. Amén.

Santa Mónica: 27 de agosto

Nació en el norte de África en el año 332. Es venerada como santa, esposa y viuda, no sólo por darle vida corporal a uno de los más importantes doctores de la iglesia, San Agustín, sino también porque fue el principal instrumento del que Dios se valió para darle a éste el don de la fe.

Santa Mónica se casó con un hombre violento, con quien procreó dos hijos varones y una hembra. Cuando crecieron, tuvo la pena de saber que uno de ellos llevaba una vida disoluta y había abrazado la herejía maniquea. Por esta razón y como manera de motivarlo al arrepentimiento, le cerró las puertas de su casa durante algún tiempo. Una visión hizo que tratara menos severamente a su hijo. Soñó que se hallaba en el bosque, llorando la caída de su hijo Agustín, cuando se le acercó un personaje resplandeciente que le preguntó la causa de su pena. Éste, después de escucharla y secarle las lágrimas, le dijo: "Tu hijo está contigo". Tiempo después, con paciencia, fe y mucha dedicación, logró que su hijo se convirtiera al cristianismo. Santa Mónica dedicó gran parte de su vida a orientar a viudas y madres solteras respecto a los caminos de la fe. Ayudaba a los huérfanos y auxiliaba a los desamparados. Siempre fue una mujer noble, caritativa y con nobles sentimientos.

Peticiones

Le rezan las madres solteras, las mujeres casadas cuando tienen problemas en el matrimonio, violencia doméstica e infidelidad. También se le pide en caso de adolescentes rebeldes y para que regresen los hijos que abandonan el hogar a temprana edad.

Oración

Gloriosa Santa Mónica, modelo de madre. Tu vida la admiramos en los vaivenes de tu hogar y sobre todo, siguiendo a tu hijo Agustín. Supiste atraer a tu esposo hacia Dios e igualmente a aquel hijo que había perdido la fe. A él le seguías llamándole, orando, llorando . . . Consíguenos entonces que comprendamos el papel sagrado de las madres y esposas y su influencia en el hogar. Confiamos nuestra familia a tu divina y santa protección. Amén.

N

San Nicolás: 6 de diciembre

Nació en Grecia en el siglo IV. Se cree que quedó huérfano a temprana edad y tal motivo le impulsó a repartir sus bienes entre los más necesitados, para luego retirarse a un monasterio. A los 45 años de edad, fue nombrado obispo de Myra, Turquía.

Siempre se le conoció por ser un ejemplo de nobleza y caridad. Entre tantas historias que se cuentan de las aventuras del santo, existe una en particular que ha llegado a

ser del dominio popular y que cuenta que en esa pequeña ciudad, un hombre había quedado viudo, con tres hijas en edad para casarse pero sin dote alguna que repartir entre las tres doncellas. Transcurrían los primeros días del mes de diciembre cuando San Nicolás se enteró de aquello y decidió ayudarle secretamente.

Una noche y sin que nadie le viera, introdujo en la ventana de la habitación de las muchachas, una bolsa con monedas de oro para que les sirviera de dote. El padre de ellas descubrió días después que había sido San Nicolás el benefactor misterioso, y por tal razón le ofreció mucha gratitud. El santo le pidió que mantuviera todo en secreto.

Historias como éstas fueron las que originaron la idea de hacer regalos alrededor del día de la navidad y durante todo el mes de diciembre. Es mundialmente conocido como "Santa Claus".

Peticiones

Pídale con fe su más grande deseo, porque siempre que sea para su bien, el santo se lo concederá.

Oración

¡Oh Milagroso San Nicolás¡ que Dios ha glorificado con innumerables dones y milagros, mostrando su voluntad para que busquemos tu auxilio, en situaciones apremiantes confiados en tu protección. santo de la caridad al que acuden las familias, los desamparados, los enfermos, los mercaderes, los trabajadores, los convictos, los infantes, y los jóvenes en peligro. Humildemente te ruego me alcances el favor que he venido a suplicarte, confiado en tu piadosa ayuda, la que nunca niegas a tus leales devotos, para que favorecidos por tu santa piedad, seamos testigos de la misericordia del Señor, y los portentos de los santos. Amén.

Santo Niño de Atocha: 25 de diciembre

Este santo es una de las tres advocaciones más veneradas del Niño Jesús en la mayoría de los países de habla hispana. En Colombia se le venera como "Divino Niño" y en la Europa católica como "Niño de Praga".

El Santo Niño representa toda la ternura, bondad e inocencia del infante hijo de Dios. Es considerado como el Niño lleno de milagros y es fácil encontrar iglesias dedicadas en su honor en México, Guatemala, Estados Unidos y Costa Rica, por mencionar algunos países. Miles de fieles han dado fe y testimonio de los milagros obrados por él.

Peticiones

Se le pide especialmente en momentos de necesidad económica, para que se abran puertas en lo relativo al trabajo, para problemas y condiciones de salud de la familia, para que se viva en paz y para que todo marche bien en nuevos comercios y empresas.

Oración

Piadosísimo Niño de Atocha, protector de todos los hombres. En memoria de aquella jornada que hiciste encarnado en el vientre de tu santa madre, desde aquella ciudad santa de Jerusalén hasta llegar a Belén, y por todos los recuerdos que hago en este día, te pido me concedas lo que te suplico. Por lo cual interpongo estos méritos y los acompaño con los coros de querubines y serafines, que están adornados de perfectísima sabiduría, por los cuales espero preciosísimo Niño, un feliz despacho en lo que te ruego y estoy cierto que no saldré desconsolado de ti. Ilumina para siempre mi camino, con la santa y bienaventurada luz de tu divina presencia. Amén.

San Norberto: 6 de junio

Nació en el año 1080 en Alemania, de padre pariente del emperador. De joven era dado a las fiestas, las reuniones sociales, cortejaba a las nobles de la corte y disfrutaba de los placeres mundanos.

Cuando tenía alrededor de 30 años le sucedió un hecho sorprendente. Mientras cabalgaba, un potente rayo cayó a los pies de su caballo, haciéndolo caer inconsciente al suelo. Cuando logró reincorporarse, decidió cambiar de vida, convirtiéndose al cristianismo.

Repartió gran parte de sus bienes entre los necesitados e ingresó a un monasterio. Cuando se ordenó como sacerdote, le fue encomendada la misión de ir a evangelizar a Francia, en donde atravesó por muchas penurias. Posteriormente fundó un monasterio en el Valle de Prémontré y fue nombrado obispo de Magdemburgo. Pudo cumplir su arzobispado con honor, pese a que en varias ocasiones trataron de asesinarle. Murió en el año 1134.

Peticiones

Para contar con protección y auspicio de viajes o mudanzas a otro país. Se le reza con fervor para protegerse de enemigos, falsos testimonios, maldad y brujería.

Oración

San Norberto bendecido, santo de la fe y la benevolencia, acudimos tus fieles devotos a tu magna presencia, para implorar tu patrocinio ante el trono de Dios y nos hagas dignos de recibir los favores que pedimos. Sean tus fieles súplicas, las que nos guíen en el camino de la justicia divina y sea tu santa piedad, refugio de quienes padecen y suplican misericordia y perdón. Amén.

P

San Pablo: 29 de junio

Nació alrededor del año tercero de nuestra era. Su nombre era Saúl, su familia era adinerada y practicante fiel del judaísmo. En su juventud creía que los cristianos debían ser perseguidos y castigados, incluso en algunas ocasiones ayudó a encarcelar a los fieles de Cristo.

Se cree que presenció el terrible e injusto apedreamiento de San Esteban. En uno de sus viajes a Siria, observó una visión que le cegó y una voz le dijo que no persiguiera más a los cristianos. En ese momento supo que era el mismo Jesús quien se había dirigido a él. Tres días más tarde, el santo recuperó la vista, se convirtió en cristiano y cambió su nombre de Saúl por su versión latina, Pablo. Poco después se dedicó a predicar por toda Siria, luego fundó iglesias en el nombre de Cristo, escribió epístolas sobre sus enseñanzas y predicó a las multitudes.

Realizó tres viajes como misionero, durante los cuales sufrió persecución, azotes, cárcel y naufragio. Hacia el año 65, a la edad de 63 años, San Pablo fue martirizado y muerto en Roma.

Peticiones

Se le ruega principalmente en casos difíciles de corte, para probar la inocencia de alguien que ha sido preso o condenado injustamente y por problemas de salud de personas jóvenes.

Oración

Glorioso apóstol San Pablo, bastión escogido por Dios para llevar su santo nombre por toda la tierra; por tu valor apostólico y por la ilustre caridad con que sentías los esfuerzos de tus prójimos como si fueran tuyos propios; por la inagotable paciencia con que sufriste persecuciones, cárceles, azotes, cadenas, tentaciones, naufragios y hasta la misma muerte; por aquel celo que te estimulaba a trabajar día y noche en beneficio de las almas y, sobre todo, por aquella prontitud con que atendiste la voz de Cristo en el camino de Damasco, te ruego, que me consigas los favores del cielo, para que pueda luchar contra la tentación, vencer los malos pensamientos y ser absuelto de todos mis pecados, para poder convertirme en un ejemplo de fe como lo fuiste tú. Te lo pido en el nombre de Jesucristo. Amén.

San Pascual Bailón: 17 de mayo

Nació en las cercanías de Castilla y Aragón, España, en el seno de una familia de humildes campesinos, en 1540. En su niñez y adolescencia fue pastor de ovejas. Asistía algunas veces a misa y cuando el sacerdote levantaba la hostia, San Pascual veía la imagen de Jesucristo siempre presente.

Cuando tenía alrededor de 28 años entró a la orden de los Franciscanos, donde se dedicó a las labores más arduas: cocinar, limpiar, hacer diligencias, etc. Años más tarde, sus superiores le enviaron a Francia para predicar y convertir al gran número de herejes que había allí. Fue apedreado e insultado, pero al final logró convertir a muchos al cristianismo.

Siempre fue alegre, entusiasta, humilde, generoso, rezaba mucho y pedía poco o casi nada para sí mismo. La gente lo quería, los niños le hacían preguntas acerca del evangelio y sus superiores estaban contentos con su loable misión. Murió en el año 1592 y fue canonizado en 1690.

Peticiones

Rogarle para tener resignación ante la pérdida de un ser querido, reponerse de los malos tiempos y abrirse camino en la vida.

Oración

Te suplicamos Jesús sacramentado, benevolencia y justicia en el nombre de San Pascual Bailón, tu confesor, a quien decoraste con el amor del misterio de tu cuerpo y sangre bendecida. Concédeme la merced que te rogamos, con la misma complacencia con que recibiste la inquebrantable fe de tu santo. Haz que por nuestros méritos seamos merecedores de la misma dulzura con que le acogiste a él, mientras esperamos el momento sublime de tu gloriosa segunda venida. Amén.

San Patricio: 17 de marzo

En este día se celebra en el mundo católico el día de San Patricio, fiesta de origen irlandés que honra al santo, quien fuera el misionero que evangelizó y llevó el cristianismo a la isla en el siglo IV. Durante la semana que se conmemora a San Patricio, los creyentes suelen vestir prendas de color verde, ya que él ha sido, por decreto popular, declarado como el Santo Patrono de la prosperidad.

La primera vez que se celebró esta conmemoración en el continente Americano fue en 1773, en Boston, Massachussets.

San Patricio cuyo nombre real era Maewyn Succat, fue secuestrado a la edad de 16 años por unos corsarios, quienes lo vendieron como esclavo. Durante sus seis años de cautiverio, él encontró su fortaleza para seguir adelante en la fe religiosa. Después que escapó, estudió religión en Europa occidental y viajó a Irlanda para llevar la palabra de Cristo. Él se acostumbró a usar el trébol de tres hojas, como una metáfora para explicar el concepto de la Trinidad (padre, hijo y espíritu santo). En tiempos modernos, el trébol también se usa como símbolo de prosperidad y anuncio de tiempos mejores.

Peticiones

Se le reza para mejorar la situación económica, encontrar mejores oportunidades laborales, por la unión familiar y la alegría de vivir.

Oración

Nobilísimo San Patricio, santo fuerte y valiente, patrón excelso de la prosperidad. Tú que eres el sabio por excelencia, te ruego que ilumines nuestro camino hacia la sabiduría, justicia y abundancia. También te pido que protejas mis afectos y valores, así como guardaste fielmente los mandamientos dictados por Dios a Moisés. Sea tu divina protección, nuestro sagrado refugio, hoy, mañana y siempre. Amén.

San Pedro: 29 de junio

Antes de ser bautizado por Jesús, su nombre era Simón. Nació en Bethsaida, Galilea. Era pescador y uno de los apóstoles más cercanos y queridos por Jesucristo, pese a que lo negó tres veces antes que cantara un gallo, el día en que Jesús fue aprendido por los romanos. Estuvo presente en su agonía y transfiguración.

Cuando Pedro hizo toda una misión basado en sus creencias, Jesús le dijo "tú eres Pedro y sobre esa roca construiré mi iglesia", refiriéndose a fe en el Redentor. Después de la ascensión, San Pedro llegó a ser el líder de los cristianos, y fue el primero en hacer un milagro. Se sabe que su tumba está en el Vaticano, cuya basílica lleva su nombre en honor a él. Se le ha llamado el gran pescador de las almas.

Peticiones

Se le pide para obtener un buen empleo, para que se abran las puertas de la misericordia y del cielo. También para encontrar la verdadera vocación.

Oración

Bendito Apóstol San Pedro, concédeme fe ardiente, esperanza firme y corazón puro, en todos mis pensamientos, palabras y obras. Dame paciencia en la adversidad, ignorancia del egoísmo, constancia en mis resoluciones, acatamiento a la voluntad de Dios y perseverancia en la gracia divina. Para que cuando parta de este mundo, sea digno de presentarme ante el pastor de las almas, nuestro Señor Jesucristo, que junto al Padre celestial y el Espíritu santo, vive y reina por siempre. Amén.

San Pedro de Betancourt: 25 de abril

"El Hermano Pedro", como popularmente se le conoce en Guatemala y países vecinos, nació en el año 1626, en Chasna de Villaflor, Tenerife, en las Islas Canarias. Su nombre completo era Pedro de San José de Betancourt. Desde muy joven se entregó por completo al sacerdocio. Fue Terciario Franciscano. Su misión sacerdotal la desarrolló en la ciudad colonial Antigua, en Guatemala, país que le venera con total devoción.

Siempre estuvo al servicio de enfermos, gente pobre, huérfanos y personas desamparadas. Fue un fiel devoto de la Santísima Virgen. Realizó innumerables obras de caridad, fue evangelizador y se convirtió en un símbolo de religiosidad para toda una nación.

Falleció el 25 de abril de 1667. Actualmente sus restos descansan en la iglesia de San Francisco, en la ciudad de Antigua, centro religioso al cual acuden anualmente millares de creyentes en busca de milagros. Fue beatificado en 1980 y declarado santo durante la tercera visita del Papa Juan Pablo II a Guatemala, el 30 de julio del 2002. Es el primer santo centroamericano.

Peticiones

Se le ruega para obtener curaciones milagrosas, cuando existen serios problemas entre padres e hijos y para cualquier necesidad. Es considerado un santo que concede todo tipo de milagros.

Oración

Glorioso Espíritu santo, fuente inagotable de sabiduría, concédenos también la fortaleza, sapiencia y valor para que, siguiendo el ejemplo de San Pedro de Betancourt, y por su favor y patrocinio, en la vida, personal, familiar y profesional, sepamos ponernos al servicio de toda persona que lo necesite, para crecer así en el amor y en la santidad de Dios. Amén.

San Quintín: 31 de octubre

Se cree que nació a mediados del siglo III. Su padre era un senador de Roma. Muy poco se conoce de su vida, pero se dice que dejó Roma en plena juventud y viajó a Beauvais y

Amiens. En esta última ciudad fue hecho prisionero, torturado y decapitado.

Décadas después de su muerte, la gente le pedía milagros, siendo el más comentado aquel que salvó a un ladrón sentenciado a la horca. Las peticiones que un sacerdote hizo a San Quintín hicieron que la soga se cortara el día de la sentencia, permitiendo al condenado vivir. Este hecho fue suficiente prueba de fe para que se soltara al prisionero.

Peticiones

Se le ruega en todo lo concerniente a problemas legales, casos de cárcel y reducción de penas para los reos.

Oración

Milagroso San Quintín, abogado y protector especial de aquellos, que buscan la absolución de sus pecados, la anhelada libertad y el fin de toda zozobra. Por eso querido santo, te pido que intercedas por mí ante el trono de Cristo, para que mi petición sea escuchada, no sin antes pedir perdón arrepentido por el mal que haya causado a mis semejantes. Si mi súplica es atendida, entonces bendito santo, procede en mi auxilio y arranca de mi alma todo temor, pena y remordimiento. Te lo ruego en el nombre de Jesús. Amén.

R

San Rafael: 29 de septiembre

Es uno de los siete ángeles que están apostados constantemente ante el trono del Altísimo (Tobías 12:15). Bajo la apariencia humana, siguió al joven Tobías hacia Rages, para así cobrar un préstamo hecho por el viejo Tobías a Gabelo. Durante el camino se detuvo para arrojar a un demonio fuera de Sara, hija de Raquel, a la que obtuvo en matrimonio para Tobías. Luego fue a recibir el dinero de Gabelo y recondujo al joven Tobías, sano y salvo devuelta a su casa. Cuando entró a la morada, curó de la ceguera al viejo Tobías (Tobías 5:11) y llenó la casa de grandes bendiciones enviadas por Dios. Su nombre significa "Dios Sana".

Peticiones

San Rafael es uno de los médicos celestiales. Pídale para cualquier caso de enfermedad. Además se le reza para contar con la bendición de Dios en el seno familiar.

Oración

Gloriosísimo Arcángel San Rafael, por aquella caridad con la que acompañaste al joven Tobías, guardándole de muchos peligros, librándolo a él y a su esposa Sara de grandes dificultades. También devolviéndole la vista a su padre y colmando su morada de toda clase de bendiciones. Os ruego piadoso príncipe, que me asistas en la tribulación, me defiendas contra el mal que se esconde en las tinieblas y me apartes de la impureza y la envidia. Finalmente asísteme en el medio del quebranto y acompáñame en la jornada que me conducirá a la eternidad. Amén.

San Ramón Nonato: 31 de agosto

Nació alrededor del año 1200. Nonato no es su apellido sino un sobre-nombre que se le dio desde niño, ya que su madre murió antes que él naciera y tuvo que hacerse una cesárea post mortis para traerlo al mundo. Su padre se encargó que el santo tuviera una educación ejemplar.

Considerado como católico modelo, en 1222 fue ordenado como sacerdote. En aquellos tiempos, en el Norte de África había cristianos prisioneros de los invasores. San Ramón consiguió reunir suficiente dinero para pagar por el rescate de ellos. Una ocasión en la que no logró reunir la cantidad acordada, él mismo se ofreció en canje con los secuestradores, quienes le apresaron, le hicieron sufrir todas las vejaciones posibles, para después pedir un cuantioso rescate por él.

Sus labios fueron cocidos para que no hablara de Cristo. Finalmente, cuando se consiguió el dinero para su rescate, fue liberado. Es así como vuelve a Roma para seguir ayudando a los pobres y viudas de los prisioneros que no sobrevivían. A los 40 años de edad comenzó a padecer de una fiebre que duró varias semanas, hasta que su cuerpo no resistió más y falleció orando a Cristo y a la Virgen Santísima. Es el Patrón de todas las mujeres al momento de dar a luz.

Peticiones

Se le pide por los recién nacidos, los niños menores de dos años, las mujeres embarazadas, cuando existe un embarazo de alto riesgo y para protegerse de habladurías y envidias.

Oración

San Ramón Nonato, venerado, protector de los ángeles que se acercan a este mundo. Santísimo vigilante de las almas que a través del Señor de los cielos se allegan a este valle de lágrimas, me encomiendo a tu divina y perfecta bondad. Postrado de hinojos, a tus divinos pies vengo a pedir tu protección y ayuda en el doloroso trance que se aproxima y por el cual ha de cruzar mi pecadora existencia. Confiando plenamente en tu bondad y santidad, estoy seguro que el favor que hoy te pido, me será concedido. Amén.

Santa Rita de Cascia: 22 de mayo

La "santa de lo imposible" nació tan tarde en la existencia de sus padres, que su nacimiento parece ser el primer milagro de su vida. La criaron con el espíritu de santa gratitud y para cuando tenía 12 años, su amor por Jesús era tan grande, que se convirtió en monja. Sus padres estaban envejeciendo y se preocupaban por dejar a Rita sola en el mundo, entonces arreglaron su matrimonio.

Se convirtió en la esposa de un alcohólico abusivo, pero el amor de Rita por él y sus oraciones lo llevó a amar a Dios. Eso se le atañe como su segundo milagro. Más adelante, su esposo fue asesinado y sus hijos estaban determinados a vengar la muerte de su padre. Rita oró mucho para sacarlos de su ira asesina. Sus oraciones nuevamente fueron escuchadas, conformando este el tercer milagro.

Pese a que sólo se permitían vírgenes, Rita pudo ingresar y permanecer en el convento de monjas Agustinas. Recibió el estigma en forma de una lesión cancerosa en la frente y sufrió mucho por eso, pero tuvo la habilidad de curar y consolar a muchos otros antes de su muerte, a la edad de 73 años. Es la Santa Patrona de los casos imposibles.

Peticiones

Se le pide en situaciones muy difíciles, como la sanación de un mal incurable, un caso judicial complicado y para que los jóvenes dejen el vicio del alcohol y las drogas.

Oración

Patrona de los casos imposibles, a ti han acudido miles de creyentes y han obtenido verdaderos milagros de la fe. Por eso, amparado en tan fieles testimonios, he venido a suplicarte que me liberes de la pena y el dolor que hoy me aflige. Procede pues gloriosa santa, acógeme en tu divina gracia y concédeme el favor por el cual te imploro. Intercede en mi favor y aparta de mi sendero la ocasión del mal y la tentación. Amén.

San Roque: 16 de agosto

De origen francés, nació en 1378, descendiente de una familia acaudalada e hijo del gobernador de Montpellier. Desde muy joven distribuyó su fortuna entre los necesitados y decidió entregar su cargo de gobernador a su tío cuando su padre murió.

Cuando tenía unos 20 años tomó la determinación de cuidar a enfermos de la peste que en ese tiempo estaba atacando fuertemente en Italia. La terrible enfermedad desaparecía de todos los lugares ante el poder milagroso de San Roque, quien curaba a los afectados con la señal de la cruz.

Cuando cayó enfermo y estaba muriendo de hambre en el bosque, un perro que lo visitaba a diario lo alimentó con pedazos de pan que robaba de la mesa de su amo. Después de un tiempo el amo entró en sospecha, siguió al perro y, al encontrar al enfermo, se convirtió en su amigo. De esa forma aprendió a llevar una mejor vida ayudando al santo a recuperarse.

Una vez recuperado, San Roque regresó a su tierra, pero la enfermedad y el sufrimiento habían deteriorado su físico a tal punto, que fue tomado como espía y puesto en el calabozo, donde murió encarcelado. Al entrar el carcelero a la celda, trató de despertar a Roque con su pierna incapacitada desde su nacimiento, y para su asombro, ésta sanó milagrosamente.

Peticiones

Se le pide para curarse de enfermedades a la piel, dolores en las piernas y rodillas, plagas y enfermedades desconocidas.

Oración

Bendito San Roque, por tu ardiente amor a Cristo, abandonaste lujos y riquezas, buscando la purificación espiritual. Enséñame divino santo a ser humilde ante Dios y ante mis semejantes. Alcánzame la gracia de apreciar los honores celestiales, para que las riquezas de la tierra no sean para mí cadenas de interminable perdición. Líbrame de toda perturbación y enfermedad corporal. Concédeme la gracia que te pido, para honra de Dios y salvación de mi alma. Amén.

Santa Rosa de Lima: 30 de agosto

Nació en Lima, Perú, en 1586. Fue la primera santa canonizada del Nuevo Mundo. Aunque fue bautizada con el nombre de Isabel, se le llamaba comúnmente Rosa y ése fue el nombre que le impuso en la Confirmación el arzobispo de Lima, Santo Toribio.

Ingresó a la tercera orden de Santo Domingo y, a partir de entonces, se recluyó en una cabaña que había construido en el huerto de su casa. Su amor por el Señor era tanto que cuando hablaba de Él, cambiaba el tono de su voz y su rostro se encendía como un reflejo del sentimiento que embargaba su alma.

Tiempo después, una comisión de médicos y sacerdotes examinó a la santa y dictaminó que sus experiencias eran realmente sobrenaturales. El modo de vida y las prácticas ascéticas de Santa Rosa de Lima sólo convienen a almas llamadas a una vocación muy particular. Siempre demostró su gran espíritu de santidad heroica, un rasgo visto en la mayoría de los santos, pues todos viven para Dios en cada instante, tanto en el desierto como en el claustro. Quien tiene la intención pura de cumplir en todo la voluntad de Dios, podrá servirle con plenitud en todo lo que haga.

Santa Rosa murió el 24 de agosto de 1617, a los 31 años de edad. El Papa Clemente X la canonizó en 1671.

Peticiones

Se le pide para conservar la buena salud, para curarse de males extraños y por protección para las niñas menores de 12 años.

Oración

Bendita Santa Rosa de Lima, que tuviste la sabiduría de seguir a Jesús con un espíritu tan digno y generoso. Apartaste de tu lado la ostentación y la vanidad y te entregaste en entendimiento a la santa cruz. Tú que dedicaste tu entera devoción a la Virgen María y serviste con afán a pobres y desvalidos, por favor venerable santa, ayúdanos a imitar tu ejemplo y así gozar de tan hermosas virtudes que te adornan. Sea tu santa intercesión la luz que nos acerque al fuego angelical. Amén.

S

San Santiago Apóstol: 25 de julio

Santiago Apóstol, a quien se le llama "el Mayor", era hijo de Zebedeo y Salomé, hermano de San Juan Evangelista y pariente de Jesucristo. Siendo pescador, abandonó las redes para seguir a Cristo.

Según la tradición, predicó el Evangelio en Judea y luego en España. En su segunda estadía en Judea, fue martirizado por el rey Herodes Agripa, nieto de Herodes el grande. Fue muerto en Jerusalén alrededor del año 43 de nuestra era.

Durante las fieras batallas que se dieron en España para liberar al país de los moros, se dice que Santiago Apóstol fue visto montando un caballo luego que los soldados invocaron el nombre de Dios. Fue así como consiguieron una contundente victoria.

Peticiones

Se le pide para que haya justicia, para tener resultados favorables en casos judiciales, para disolver calumnias, desenmascarar la falsedad y por cualquier necesidad en general, pues es un santo muy milagroso.

Oración

Glorioso Apóstol Santiago, pariente cercano de Jesucristo y aún más cercano a él por los lazos espirituales que los unen. Tuviste el privilegio de ser entre los primeros seres llamados discípulos y el primero en morir por Cristo al sellar la obra de predicación con tu sangre. santo defensor de la fe, que apareces en el campo de batalla y siempre derrotas a las fuerzas del mal. Eres la fuerza y la luz de los creyentes. El refugio seguro de aquellos que suplican e invocan tu sagrada protección y la justicia victoriosa que destruye la calumnia. Ampáranos pues, milagroso príncipe de luz, protégenos de peligros y acechanzas y acércanos a la bondad infinita de Dios. Amén.

San Sebastián: 20 de enero

Se cree que nació en el siglo III en Roma. De niño estudió en Milán y en su adolescencia se destacó como un atleta. Ya en ese entonces era cristiano y le preocupaba la persecución que sufrían los creyentes en Cristo.

Ingresó al ejército romano, manteniendo en secreto el hecho de ser cristiano, y comenzó a convertir a otros romanos por los caminos de la fe. Cuando se descubrió que no era pagano, el emperador Diocleciano le condenó a muerte. Fue atado a un árbol y su cuerpo fue atravesado con flechas. Cuando sus verdugos creyeron que ya estaba muerto, una viuda llamada Irene se hizo cargo de sepultarlo, pero en vez de ello, le cuidó, sanó sus heridas y le ayudó a recuperarse.

Una vez curado, se alzó contra el emperador y denunció públicamente las atrocidades cometidas por éste en contra de los cristianos. Esta vez el emperador ordenó que le golpearan sin piedad con unos troncos hasta morir. Su cadáver fue lanzado a un albañal. Una cristiana de nombre Lucina, le vio en sueños padeciendo el atroz martirio y sabía el lugar exacto en donde se encontraba el cuerpo del santo. Entonces, se dirigió al sitio, recogió el cuerpo sin vida y le dio sepultura en un cementerio clandestino para cristianos.

Peticiones

Se le pide cuando se inicia una dieta, para contar con buena condición física, eliminar achaques y mantener una actitud y presencia juvenil.

Oración

Bienaventurado San Sebastián, que alcanzaste fielmente de Dios tanta fe, benevolencia y caridad. Tú, que llegaste a sacrificar tu vida por obedecer los mandatos de Dios, socorriendo a quienes considerabas tus hermanos en el dogma, ahora que moras junto al Señor, oye las plegarias y súplicas de los feligreses que te invocan con infinita gratitud, verdadera fe y digna devoción. Divino santo, mártir de Jesucristo, alcánzanos de Dios la gracia de ser atendidos, la dicha de ser absueltos de nuestras culpas y la honra de poder ver algún día el rostro de Jesús sacramentado. Amén.

T

Santa Tecla: 23 de septiembre

Nació en el Asia Menor. Dice la tradición que sus padres la prometieron en matrimonio a un joven muy rico, pero que decidió mantenerse virgen y rechazó al pretendiente. Para vengar la ofensa, los magistrados la condenaron a ser arrojada a las fieras en el circo, pero los leones se acercaron a ella y le lamieron las manos. Entonces, le perdonaron la vida y siguió con el ejemplo de caridad y oración junto al apóstol San Pablo, al cual acompañó en sus viajes.

Es muy venerada en Chipre, Colonia, Milán y Tarragona, de donde es Santa Patrona. Es la madre de Santa Isabel, prima de Santa Ana y por ende tía de la Virgen María.

El porqué de sugerir a Santa Tecla como Santa Patrona de los cibernautas, es obvio, simplemente por el nombre "Tecla", la del teclado de nuestro ordenador. Unos simpáticos internautas de Tarragona, España, pusieron en marcha desde 1997 una página en la Internet para promocionar el patronazgo de la santa. Si al final fuera declarada mundialmente con este título, lo alternaría con el de Patrona de las mecanógrafas, declarada así por la "voz popular". Cabe añadir que la Asociación de Mujeres periodistas de Cataluña, ya adoptó a Santa Tecla como Santa Patrona de los internautas en general el 26 de septiembre del 2000.

Peticiones

Se le pide para conocer gente con buenos sentimientos y las mujeres encinta le piden para tener hijos sanos. Es la Santa Patrona de los cibernautas.

Oración

Dios Todopoderoso, concédenos la fortaleza en la adversidad que le concediste a Santa Tecla, para que podamos ser testigos en medio de un mundo descreído y alejado de ti. Señor, tú que la elegiste para ser la madre de Santa Isabel y la abuela de San Juan Bautista, asimismo te pedimos nos elijas para ser tus fieles seguidores. Ahora y en la hora de nuestro juicio. Por Jesucristo, tu Hijo, nuestro Señor. Amén.

Santa Teresa de Ávila: 15 de octubre

Llamada también Santa Teresa de Jesús, fue la tercera de los hijos de Don Alonso Sánchez de Cepeda, con su segunda

esposa, Doña Beatriz Dávila y Ahumada. Fue criada por su santo padre quien era un amante de la buena lectura y una madre muy piadosa y tierna. Desde temprana edad mostró cualidades que la hicieron muy especial, leía la vida de los santos y eso la hizo entrar en la vida religiosa.

Entró al convento cuando tenía 18 años y al siguiente año, se enfermó de gravedad. Después de una recuperación parcial a través de la intercesión de San José, su salud permaneció débil, pero aún frágil, se mantuvo activa, abriendo nuevos conventos, aminorando las dificultades para sus monjas, apaciguando a quienes tenían autoridad, y al mismo tiempo siendo favorecida con experiencias místicas extraordinarias.

Amaba a Dios, a los niños y a sus amigos con el mismo entusiasmo. Ella afirmaba: "No tengo defensa contra el afecto. Me pueden sobornar con una sardina". Teresa es la santa del sentido común, el buen humor, de ideales generosos, y era una mujer talentosa, atractiva, original y sin complejos. Escribía hermosa poesía y era una ejecutiva con mucha inspiración. Cuando murió, la Duquesa de Alba la cubrió con un manto de oro, que significaba nobleza.

Teresa aconsejaba: "Ora en secreto y el Padre te recompensará abiertamente".

Peticiones

Se busca su patrocinio en caso de enfermedades prolongadas o difíciles de curar.

Oración

Santa Teresa, ejemplo de justicia y humildad sincera. Tú que honraste el nombre de Dios, con tan nobles acciones e incontables obras de caridad. Escucha en el nombre del Redentor, el clamor de tus fieles devotos que ruegan el favor de tu asistencia ante una seria dificultad. Confiados en tu bendita gracia y amparados en la dulzura de tus actos milagrosos, te pedimos nos ayudes a alcanzar la voluntad y justicia del Dios Omnipotente. Amén.

Santa Teresa de Calcuta: 5 de septiembre

De origen Albano, su verdadero nombre era Agnes Gonxha Bojaxhiu. Nació en 1910. A los 18 años de edad, ingresó a la orden de las Hermanas de Nuestra Señora de Loreto, y tomó el nombre de Teresa en honor a Santa Teresita del Niño Jesús. Fue maestra y misionera en la India. En 1948 el Vaticano le concedió servir y auxiliar a los más pobres de la ciudad de Calcuta, labor humanitaria que desarrolló con gran humildad y entera devoción. En el año 1950 fundó la "Congregación de las Misioneras de la Caridad". Ya para el año 1965, la Congregación traspasó las fronteras de la India, y en la actualidad las misioneras realizan su gestión en más de treinta y cinco países alrededor del mundo.

La Madre Teresa, como era conocida en vida, adquirió la fama de santidad debido a su nobleza, caridad y por la ayuda que brindó a todos los enfermos que encontraba a su paso. Cuidó leprosos, personas con cáncer y auxilió a muchos enfermos de SIDA.

En 1979 recibió el Premio Nóbel de la Paz, gracias a su loable labor con sus semejantes. Consagró su vida entera en favor de los más necesitados. Falleció el 5 de septiembre de 1997. Fue beatificada por el Papa Juan Pablo II, el 19 de octubre del 2003. Millones esperan por su canonización.

Peticiones

Se invoca su patrocinio para sanar enfermedades terminales, curar padecimientos extraños y alcanzar una larga vida.

Oración

Amado Señor Jesucristo, tú hiciste de la Madre Teresa de Calcuta, un ejemplo inspirador de fe firme, caridad ardiente y esperanza viva, un testigo extraordinario del camino de la riqueza espiritual y una gran maestra del valor y dignidad de toda vida humana. Concédenos que ella sea venerada como uno de los santos canonizados de la iglesia. Amén.

Santa Teresita del Niño Jesús: 3 de octubre

Nació en Alencon bajo el nombre de Marie Francoise Theresa Martín. Se le llamaba La Pequeña Flor de Jesús. Entró en la orden de las Carmelitas a la edad de 15 años. Fue una hija ejemplar, una gran alumna, cariñosa hermana que amaba las sonrisas y a Dios.

Su corta vida fue extraordinaria por su simpleza, humildad y valentía. Mostró el amor a Dios por medio de su amor al prójimo. Un día antes de morir escribió: "Quiero pasar a mi cielo haciendo buenas obras sobre la tierra".

Padeció de enfermedades toda su vida y sufrió de desmayos, pero aún así siempre trabajó muy duro en la lavandería y el comedor del convento. Hacía ayunos para ganar el perdón de algún alcohólico. Fue muy valiente y nunca se quejó de sus enfermedades o ansiedades, al contrario, veía el poder del amor como una alquimia divina que trabaja para el beneficio de todas las cosas. En el último año de su vida, se fue desgastando poco a poco por la tuberculosis y murió a la edad de 24 años.

Peticiones

Se le pide por los misioneros, para que siempre hayan vocaciones cristianas. Se le ruega para que se descubran los sacerdotes que abusan de su condición.

Oración

¡Oh Teresa del Niño Jesús! Vengo a tus plantas lleno de confianza a pedirte favores. La cruz de la vida me pesa mucho y no encuentro más que espinas entre sus brazos. Florcita de Jesús, envía sobre mi alma una lluvia de flores de gracia y de virtud para que pueda subir el Calvario de la vida embriagado en sus perfumes. Mándame una sonrisa de tus labios de cielo y una mirada de tus hermosos ojos . . . que valen más tus caricias que todas las alegrías que el mundo encierra. Dios mío, por intercesión de Santa Teresita dadme fuerza para cumplir exactamente con mi deber, y concededme la gracia que humildemente te pido. Amén.

Santo Tomás Apóstol: 3 de julio

Es también llamado "el gemelo". En su camino a Betania, se ofreció ir a morir junto con Jesús. Cuando Jesús estaba dando su última enseñanza, Tomás le interrumpió con la siguiente pregunta: No sabemos si te vas, ¿cómo podremos conocer el camino? Dudoso de la resurrección de Cristo, cuando El redentor se le apareció, le pidió pruebas que demostrara su identidad, hasta que tocó las manos, pies y costado de Jesús. Más tarde, Santo Tomás confesó públicamente que era El Señor, su Dios y confesó la divinidad de El Hijo de Dios.

De acuerdo a la tradición, el santo apóstol, evangelizó Parthia (Irán), fundó la corriente cristiana de Siria. En Malabar (al Sur de la India), existe un buen número de creyentes. Se cree que sus predecesores fueron evangelizados por el santo. Fue también mártir y le enterraron en Madras.

Peticiones

Récele para aumentar su fe, lograr milagros, recibir bendiciones de Dios y para calmar la ira de personas violentas.

Oración

Señor, eterno y Todopoderoso, que, para mayor confirmación de la fe, permitiste que tu Apóstol Santo Tomás dudase de la resurrección de tu hijo. Concede que creamos tan indubitable y perfectamente en tu Hijo Jesucristo, que nuestra fe ante ti sea irreprensible. Escúchanos Señor, mediante el mismo Jesucristo, a quién contigo y el Espíritu santo, sea todo honor y gloria ahora y por siempre. Amén.

Santo Tomás de Aquino: 28 de enero

Es considerado como Doctor de la iglesia. Nació en el año 1225 en el castillo de Roccasecca, cerca de Nápoles. Sus padres eran condes y deseaban que su hijo heredara el título y les diera descendencia.

A pesar de los problemas que enfrentó para realizarse en su vocación, logró ingresar en la orden de Santo Domingo en 1245. Era un hombre corpulento, siempre se le veía con muy buen ánimo, era un poco tímido y disfrutaba de la soledad. Fue un estudiante ejemplar, destacándose en la Universidad de París.

A temprana edad escribió las obras que le hicieron muy conocido. La más famosa, *La Suma Teológica*, quedó inconclusa. Entre 1259 y 1268, predicó por toda Italia. Cuando retornó a París, siguió enseñando y continuó predicando.

La tradición ha sostenido por siglos que el mismísimo Crucifijo le habló un día y le dijo: "Has escrito bien de mi, Tomás". Un par de años más tarde fue requerido nuevamente en Italia, en donde fue nombrado rector de la universidad de Nápoles. Varios meses después, tuvo una visión divina que cambió su existencia para siempre, dejó de escribir y enseñar, enfermó, no alcanzó a terminar su obra maestra, ni pudo asistir al Concilio de Lyon, al cual había sido invitado por el Papa. En la madrugada del 7 de marzo de 1274, falleció en paz.

Peticiones

Para contar con sabiduría, entendimiento, sentido común. Rezarle para contar con la aprobación de superiores y cuando enfrente un caso judicial.

Oración

Angélico doctor Santo Tomás, gloria inmortal de la religión, firme columna de la feligresía, varón santísimo y sapientísimo, que por los admirables ejemplos de tu inocente vida fuiste elevado a la cumbre de una perfección consumada, y con tus prodigiosos escritos eres martillo de los herejes, luz de maestros y doctores, y milagro estupendo de sabiduría. Quién supiera hermanar, como vos, la doctrina con la modestia, y la alta inteligencia con profunda humildad. Alcanzadme del Señor esta gracia, junto con el inestimable don de la pureza y haced que, practicando tu doctrina y siguiendo tus ejemplos, consiga la eterna bienaventuranza. Amén.

Santo Tomás Moro: 22 de junio

Nació en Londres en 1478, su padre era un respetado juez. Estudió en la universidad de Oxford y se recibió de abogado. Siempre se destacó por ser justo y caritativo. A los clientes pobres no les cobraba honorarios. La excelencia de sus servicios, llegaron a oídos del propio rey Enrique VIII, quien lo nombró caballero y abogado en la corte. Cuando el rey se divorció en contra de la voluntad del Papa, de su primera esposa Catalina de Aragón, Santo Tomás Moro, decidió no aceptar a Enrique VIII como "Figura Suprema" de la nueva iglesia anglicana. Este hecho le valió al santo, la pérdida de su status y la ruina financiera de toda su familia.

Posteriormente fue acusado de traidor, encarcelado en la torre de Londres y decapitado el 6 de julio de 1535. Su apellido era More, y con el paso del tiempo, se castellanizó a Moro, en los países de habla hispana. Quienes le conocieron le consideraban un hombre con corazón de santo.

Peticiones

Se le pide en casos de corte para hacer prevalecer las causas justas y encontrar abogados honestos.

Oración

Dios Glorioso, por medio de la intercesión de Santo Tomás Moro, dame la divina gracia para enmendar mi vida y tener presente mi fin sin eludir la muerte, pues para quienes mueren en Ti, buen Señor, la muerte es la puerta a una vida de riqueza. Dame, buen Señor, una mente humilde, modesta, calma, pacífica, paciente, caritativa, amable, tierna y compasiva en todas mis obras, en todas mis palabras y en todos mis pensamientos, para tener el sabor de tu santo y bendito espíritu. Dame, buen Señor, el deseo de estar contigo, de no evitar las calamidades de este mundo, no tanto por alcanzar las alegrías del cielo como simplemente por amor y a fe absoluta en Ti. Amén.

U

San Ubaldo: 16 de mayo

De origen noble, nació en Umbría, Italia, alrededor del año 1104. Era aún adolescente cuando su padre murió, y es probable que este hecho le haya acercado a la religión. Pocos años después, entró a un monasterio decidido a dedicarse por entero a los menesteres de la iglesia. Se caracterizó por ser un sacerdote humilde, compasivo y sobre todo por hacer algunas reformas y restituir el orden en su parroquia, situación que atrajo más creyentes a la iglesia.

Fue nombrado Obispo de Gubbio. Los ciudadanos le admiraban y respetaban por su nobleza y calidad humana. Según cuenta una leyenda, San Ubaldo convirtió al pirata Barbaroja, quién le entregó parte de sus tesoros para que ayudara a los más pobres. Varios fieles afirmaron haber sido receptores de milagros cuando el santo aún vivía.

Ubaldo falleció en el año 1168 y hasta la fecha ha seguido obrando cientos de milagros. Miles de peregrinos visitan anualmente la iglesia en la que se encuentran sus reliquias.

Peticiones

Récele para contrarrestar fuerzas y espíritus malignos, para rechazar maleficios y vencer todo tipo de hechicería.

Oración

Dios todopoderoso, que has derramado por toda la creación reflejos de tu infinita belleza y bondad, haciendo el hombre a tu imagen y semejanza, tanto amas a quienes se entregan totalmente, que nos los pones como modelo, quieres que les veneremos y haces innumerables beneficios y milagros por su intercesión. Por ello y mediante tu siervo San Ubaldo, te rogamos nos concedas tu favor y con ello una mayor correspondencia a tu amor celestial. Amén.

Santa Úrsula: 21 de octubre

La leyenda afirma que siendo ella la hija de un rey cristiano de Gran Bretaña, fue pedida en matrimonio por el hijo de un gran rey pagano. Su deseo de mantenerse virgen la hicieron conseguir un atraso de tres años y para compañía, le otorgaron diez doncellas de noble estirpe. Ella, y cada una de las diez, fueron acompañadas por mil vírgenes.

El grupo se embarcó en once barcos y navegaron los mares por tres años. Cuando llegó el momento de la boda y el prometido de Úrsula vino a reclamarla, un viento muy fuerte se llevó a las once mil vírgenes lejos de las costas de Inglaterra. Navegaron hacia Colonia, donde, al arribar, fueron masacradas por los mongoles que perseguían a los cristianos.

Peticiones

Se le pide por el buen juicio de las jovencitas adolescentes y mujeres jóvenes, para que a la hora de enamorarse, encuentren un hombre bueno y respetuoso.

Oración

Piadosa Santa Úrsula, que fuiste capaz de abandonar riquezas y comodidades, para entregarte de lleno a la misión de los escogidos hijos de Jesucristo. Te imploro me ayudes a dejar en el pasado, todos los resentimientos y malos recuerdos que opacan mi existencia. Sea tu clemente y noble asistencia, el remedio que alivie todos mis pesares. Amén.

V

San Valentín: 14 de febrero

Su conmemoración data desde el año 400, y se ha venido celebrando religiosamente cada año desde entonces.

San Valentín fue un sacerdote que vivió en Roma en el siglo III. En esa época el emperador Claudio II había prohibido la práctica del cristianismo y se condenaba a muerte a quien desobedeciera. San Valentín desobedeció la ley romana, consoló a mártires, a hombres y mujeres que eran perseguidos y casó a muchas parejas cristianas. Cuando fue arrestado, encarcelado y enfureció al emperador por rechazar frente a él a los dioses paganos de Roma. Claudio II ordenó a un magistrado, cuya hija era ciega, que lo encarcelara de nuevo. San Valentín le devolvió la vista a la joven y la convirtió al cristianismo junto con toda su familia. El emperador enfurecido le mandó a apedrear y decapitar.

Una día antes que se llevara a cabo la sentencia, el santo le envió una nota a la muchacha, diciéndole que por todos los años que había sufrido sin poder ver, él le prometía ayudarle desde el mundo espiritual para que encontrara un gran amor que la hiciera inmensamente feliz por el resto de su vida. La firma al final de la nota decía: "Tu Valentín".

Pocas semanas después de su muerte, un joven noble escandinavo, conoció a la muchacha, se enamoró y se casaron.

La iglesia cambió un antiguo festival pagano del amor, en honor de la diosa de la fertilidad Februata Juno, que se celebraba a mediados de febrero, por la de San Valentín, un santo católico.

Peticiones

Se le pide para ser feliz en el amor, para encontrar amigos nobles y sinceros, para recuperarse del dolor ocasionado por la ruptura de una relación o la pérdida de un amor.

Oración

Venerado San Valentín, Santo Patrón del amor y la nobleza en el mundo entero. Acudo a tu magna presencia para pedirte que conduzcas mi vida por el camino de la fe, el cariño y la confianza divina. Ilumina, sustenta y defiende los más puros sentimientos humanos y reconforta el espíritu de aquellos que claman y buscan tu sagrado auspicio y así puedan encontrar el amor verdadero. Amén.

San Vicente de Paúl: 27 de septiembre

Nació en 1580. Perteneció a una familia francesa muy humilde. Era el tercero de seis hijos, cuatro hermanos y dos hermanas. En su juventud, ayudaba en las labores del campo y atendía un rebaño de ovejas. Recibió una buena educación gracias a los sacrificios de sus padres y estudió en la Universidad de Toulouse.

Desde muy joven se distinguió por ser un hombre práctico, de buen juicio, muy hábil con las palabras, tenaz, y podía adaptarse a cualquier circunstancia. Siempre fue muy prudente y se preocupaba por los pequeños detalles.

Después de terminar la escuela, entró al seminario y se realizó como sacerdote y pastor. Se dedicó a hacer caridad sin importar a quien. En el transcurso de su vida, tomó bajo su cuidado a bebés abandonados en las calles o en las iglesias, visitaba reos y les brindaba apoyo moral y social. Cuidaba de los pobres, de las mujeres necesitadas, de enfermos, ciegos, pacientes mentales y menores abandonados.

Fue muy conocido y respetado por su gran amor hacia los desposeídos. El Papa León XIII, lo proclamó Santo Patrono de todas las asociaciones católicas de caridad.

Peticiones

Se le ruega por el bienestar y protección de niños y jovencitos menores de edad, por los niños autistas y para alejar a los adolescentes de los vicios.

Oración

Apóstol insigne de la caridad, glorioso san Vicente de Paúl, que viviendo en el mundo os hicisteis a todos, para ganarlos a Jesucristo, extendiendo vuestro celo por la salvación del prójimo y remedio de sus necesidades a todas las clases de la sociedad y a toda especie de tristezas y penurias. Apóstol de nuestras almas, Cristo Jesús, un verdadero espíritu de caridad, animado del cual me entregue sin reserva a la práctica de las obras de misericordia, a fin de ser del número de aquellos de quienes está escrito: "Bienaventurados los misericordiosos, porque ellos alcanzarán misericordia". Amén.

San Vicente Ferrer: 5 de abril

Nació en el año 1350 en Valencia, España. Su padre era de origen inglés y su madre española. Ambos le inculcaron la fe cristiana desde sus primeros años. Quizá por ello a los 17 años, el santo sintió el llamado de Cristo y eso le hizo ingresar a la orden de los padres Dominicos.

Siempre se le reconoció por su inteligencia y por ser un gran filósofo y orador. Era un hombre dadivoso, generoso con los necesitados, apartado de la avaricia y otros desencantos mundanos. En aquellos tiempos existía una gran división en el clero, situación que lo mortificaba y afligía hasta el punto de causarle una enfermedad debilitante. Durante su enfermedad, tuvo una revelación en la que se presentaba a él siendo un misionero que recorría ciudades y países extranjeros.

Al siguiente día de la revelación, había recuperado la salud milagrosamente. Pronto se dispuso a emprender su largo peregrinaje como predicador que duró más de 30 años. Recorrió España, parte de Francia, Italia, Alemania y Suiza.

San Vicente tenía el don de la palabra y también se cree que hablaba más de seis idiomas. Llegó a ser muy famoso y popular en varios países. Se dice que muchos fueron testigos de milagros sorprendentes cuando él visitaba las villas y ciudades. Muchos se curaron de sus males, otros se arrepintieron de sus pecados y la mayoría lo recibía como a un héroe de Dios. A pesar de la fama y la pompa que le rodeaba, siempre fue un hombre sencillo que gozaba de humildad intelectual y de un corazón puro.

Cuando llegó a la vejez, siguió predicando con el mismo fervor de la juventud, tanto así que murió predicando el miércoles de ceniza de 1419. Fue declarado santo en 1455.

Peticiones

Se le pide para mantener una buena salud, para obtener bendiciones y para encontrar buenos amigos y compañeros cuando ha de mudarse a otra ciudad o emigra a otro país.

Oración

Amantísimo Padre y Protector mío, San Vicente Ferrer. Alcánzame una fe viva y sincera para valorar debidamente las cosas divinas, rectitud y pureza de costumbres como la que tú predicabas, y caridad ardiente para amar a Dios y al prójimo. Tú, que nunca dejaste sin consuelo a los que confían en ti, no me olvides en mis tribulaciones. Dame la salud del alma y la salud del cuerpo. Remedia todos mis males. Y dame la perseverancia en el bien para que pueda acompañarte en la gloria por toda la eternidad. Amén.

San Víctor: 28 de julio

Nació en África alrededor del año 120. Fue elegido Papa en el 189. Fue muy célebre durante su papado porque tuvo que enfrentar diversas dificultades que amenazaban con destruir los cimientos de la fe cristiana.

Según la leyenda, un filósofo de nombre Teódoto, pregonaba que Jesucristo había sido un mago con poderes sobrenaturales. Un día enfermó y fue en busca de un milagro. San Víctor le dijo que rezara una plegaria a Jesucristo. "Si lo haces con fe, un milagro ocurrirá", le dijo el santo. El filósofo rezó cuando se sintió desfallecer, y lo hizo con tanta fe que al siguiente día había sanado. Luego se convirtió.

Fue perseguido por los enemigos del cristianismo, pero nunca pudieron encontrarle. Se cree que fue el primer Papa que celebró una misa en latín. Murió en el año 199.

Peticiones

Se le pide para vencer obstáculos, liberarse de enemigos, protección contra enfermedades epidémicas y para vencer la maldad y la envidia.

Oración

Amado Jesucristo, enséñanos a difundir la fragancia de tu nobleza, así como lo hizo San Víctor. Que así como él, sepamos apartarnos del mal, de los peligros de las tinieblas, y por medio de su intercesión seamos dignos de alcanzar todas las promesas hechas por el Salvador de los hombres. Amén.

San Vito: 15 de junio

Según la leyenda, Vito nació en Roma en el siglo III, durante la época en la que gobernó el emperador Diocleciano. Su padre era senador del imperio y su madre aunque era pagana, sentía aprecio por los cristianos. Vito desde muy pequeño tuvo un tutor de nombre Modesto, éste era cristiano y fue quien le mostró los caminos de la fe. Aunque Vito solamente contaba con doce años de edad, comenzó a predicar y se dice que en ocasiones realizaba curaciones milagrosas. Su padre trató de persuadirlo para que renunciase al cristianismo, sin embargo, Vito siguió en su cruzada de fe y un día le practicó un exorcismo al hijo de Diocleciano. Éste, al saber lo sucedido, mandó a torturarlo hasta la muerte, junto a él también fueron muertos Modesto su tutor, y Crescencia, otra cristiana que solía acompañarles en todas las jornadas.

Peticiones

Se invoca para proteger a menores de adultos mal intencionados, niñeras abusivas, pervertidores y pedófilos. También se le ruega por las personas que son víctimas del secuestro, para curar enfermedades como la catalepsia, la epilepsia y para protegerse de animales salvajes.

Oración

Padre nuestro, Señor de los cielos, te glorificamos y te bendecimos porque por medio de la vida ejemplar de San Vito, nos has concedido y dado a conocer a un hombre justo, testigo del Evangelio, honrado y bondadoso con todo el mundo. Por eso te damos gracias también, porque por sus enseñanzas y la entrega de su vida nos muestras el camino de la paz y la benevolencia eterna. Amén.

Z

Santa Zita: 27 de abril

Nació en Lucca, Italia, en 1218. Tenía una disposición feliz. Por medio de las enseñanzas de su madre virtuosa, se convirtió en una muchacha de carácter dulce y modesto, con gran inclinación al trabajo. A la edad de 12 años entró al servicio doméstico de la familia Fatinelli y vivió allí toda su vida.

Se dedicó a sus quehaceres, lo cual disgustaba a los otros sirvientes. Sus obsequios de comida a los pobres también molestaba a sus empleadores. Las malas intenciones de sus compañeras de trabajo y patrones, no la privaron de su tranquilidad interna, su amor al prójimo y su generosidad.

Siempre tuvo buena opinión de los demás. Pensaba antes de criticar. Con el tiempo se encargó de todos los asuntos de la casa y se contaban muchas historias de sus buenas obras y manifestaciones sobrenaturales. En 1278 murió en paz.

Peticiones

Se le pide para tener un buen trabajo, para encontrar un empleo si no se tiene. También se le reza cuando se ha de solicitar un aumento de sueldo.

Oración

Noble y milagrosa Santa Zita, digno ejemplo de serenidad y pureza. Santa Patrona de todo aquel que labora arduamente para ganarse el pan de cada día. Te damos gracias por escuchar nuestros ruegos, atender nuestras oraciones y colmarnos de dicha y bendiciones. A ti clamamos por tu divina intercesión, para poder ser dignos de alcanzar todas las promesas hechas por nuestro Señor Jesucristo. Amén.

CAPÍTULO II

ADVOCACIONES DE LA VIRGEN MARÍA

Santa María
Todo en honor de Jesús, pero por medio de María.
—San Marcelino Champagnat

Eres más pura que el sol,
más hermosa que las perlas que ocultan los mares.
Sólo a ti entre tantos mortales del pecado de Adán te libró.
Salve, salve, cantaban María, más que tú, sólo Dios, sólo Dios.
Y en el cielo una voz repetía, más que tú, sólo Dios, sólo Dios.
Madre, óyeme.
Mi plegaria es un grito en la noche.
Madre, mírame en la noche de mi juventud.
Madre, sálvame. Mil peligros acechan mi vida.

Madre, lléname de esperanza, de amor y de fe.
Madre, mírame; en las sombras no encuentro el camino.
Madre, llévame que a tu lado feliz cantaré.
Madre, una flor, una flor con espinas es bella.
Madre, un amor, un amor que ha empezado a nacer.
Madre, sonreír, aunque llore en el alma.
Madre, construir, caminar aunque vuelva a caer.
Madre, sólo soy el anhelo y la carne que luchan.
Madre, tuyo soy, en tus manos me vengo a poner.

La fe y veneración que le profesamos a la Virgen María es la luz de esperanza que ilumina nuestro caminar por el mundo. Su magnificencia se hace presente en nuestras oraciones y nos colma de bendiciones, su infinito y misericordioso auxilio. Debido a sus diversas apariciones se le han otorgado los nombres de cientos de advocaciones, de las cuales se hace mención en este capítulo, a las más veneradas en el mundo entero.

A

Virgen de los Ángeles: 2 de agosto

En Costa Rica, así como en otras naciones latinas, la advocación de la Virgen de los Ángeles, es muy venerada por millones de fieles. Siendo la Santa Patrona de los costarricenses, le llaman cariñosamente "La Negrita". Según antiguos relatos, la imagen de la virgen fue hallada por una joven mulata de la Puebla de los Pardos, en el año 1635. Cada vez que se trataba de llevar la imagen de un sitio a otro, la imagen desaparecía y volvía a aparecerse momentos más tarde en el mismo sitio, cerca de la choza en la que moraba la protagonista de este milagro de la fe. Ante lo ocurrido, la imagen fue dejada en el mismo lugar, hasta que allí se construyó una iglesia en honor a la Santísima Virgen.

Peticiones

Se le reza por los enfermos, por los que sufren la pérdida de un ser querido y por la paz de las naciones.

Oración

Sagrada Reina del Cielo, Virgen de los Ángeles. Tú que recibiste el don y la misión de Dios de vencer el poder del mal, te imploramos serenamente que dirijas las legiones celestiales, para que persigan, repriman y combatan los espíritus oscuros que acosan a los hijos del Señor. Madre nuestra, siempre has de ser nuestro consuelo y esperanza. Envía a los santos ángeles para defenderme cuando sea atacado por la oscuridad y la tentación. Que tus ángeles y arcángeles me guarden y me protejan. Amén.

B

Virgen de Belén: 25 de diciembre

La devoción a esta virgen ampliamente conocida, data desde los primeros siglos de la era cristiana. Su culto arribó al continente americano durante las primeras décadas de la colonia. A mediados del siglo XVI, unos pescadores encontraron en la costa peruana, una caja de madera flotando en el mar. Cuando la abrieron, descubrieron que en su interior se encontraba una imponente imagen tallada y junto a ella, había un sobre con la siguiente inscripción: "Imagen de

Nuestra Señora de Belén para la ciudad de Cuzco". Desde aquel entonces la virgen ha sido considerada la Santa Patrona de esa ciudad peruana. Los fieles creyentes le llaman cariñosamente "Mamacha Belén". La imagen de la virgen siempre está presente en la procesión del Corpus Christi que se realiza cada año en el Cuzco.

Peticiones

Se le pide para obtener benevolencia de otras personas, para obtener el perdón de aquellos que hemos ofendido y para recibir la bendición de Dios.

Oración

Madre Santa, María de Belén, hija de Dios Padre, ayúdanos a ser buenos cristianos, creciendo como testigos fuertes de la fe. Madre de Jesús a quien tienes en tus brazos, ayúdanos a llevarlo a todos los hermanos, especialmente a los pobres, enfermos y sufrientes, siendo heraldos de la esperanza. Virgen de la Casa del Pan. Esposa del Espíritu Santo, consíguenos el don de la caridad para ser constructores de la unidad en la justicia, el trabajo y la paz. Madre de Belén, bendice nuestras vidas y llévanos al Cielo. Amén.

C

Virgen de la Candelaria: 2 de febrero

En el siglo V, la veneración a la Santísima se conocía como "La Candelaria" o "Fiesta de las Luces". El festejo consistía en celebrar el alumbramiento de la Virgen María, ya que ella había dado a luz, a la Luz del Mundo. En el siglo VI, se siguió celebrando la festividad el día 15 de febrero, a los cuarenta días de la Epifanía.

A partir del siglo VII, se comenzó a honrar a la virgen el 2 de febrero, fecha en la cual se cumplen cuarenta días después de la Natividad. El origen de la conmemoración surgió en el Oriente, y fue en el siglo VII cuando se introdujo en Occidente y rápidamente se extendió en Roma y en otras naciones aledañas. El Concilio Vaticano II, decretó la celebración en festejo a la Presentación de Jesús en el templo. Aun así, los fieles creyentes, siguen celebrando el 2 de febrero como día de la Virgen de la Candelaria.

Peticiones

Se le pide para tener buena salud, fortaleza, éxito en nuevas empresas y para contar con la santa protección del cielo.

Oración

Acordaos Piadosísima Virgen de la Candelaria, que jamás se ha escuchado decir que alguno que a vos se acogiese, y pidiese socorro y protección, haya sido desamparado. Animado con tal dulce confianza, acudo a vos virgen milagrosa. A vos vengo y me regocijo ante tu presencia, escucha mis súplicas y favorece mis peticiones. Sea tu santa luz mi camino y mi sendero al dulce trono de Cristo. Amén.

Virgen de la Caridad del Cobre: 8 de septiembre

Nuestra Señora de la Caridad del Cobre, es la Patrona de la Isla de Cuba. Esta advocación es muy conocida en todo el continente americano y en España. Su nombre fue tomado del sitio en el que se edificó el primer santuario para su veneración. La tradición religiosa popular relata que la Virgen Santísima se le apareció flotando en las aguas del mar Caribe a dos indios y otro joven de color que remaban en las cercanías de la Bahía de Nipe. A los tres hombres se les conoce como: los tres Juanes. En el año 1927 se erigió un trono en su honor, en el gran santuario nacional, sitio en que se centra y se celebra la devoción religiosa del pueblo cubano.

Peticiones

Se le ruega por asuntos del amor y los sentimientos. Es la virgen protectora de las parejas de enamorados.

Oración

Virgen de los Milagros, como te llamaban nuestros mayores, cura a los enfermos, consuela a los afligidos, da ánimo a los desesperados, preserva en el bien a las familias, protege a la juventud y ampara a la niñez. Nadie puede publicar enteramente, las maravillas que obras cada día en favor de las almas que te invocan. Justificando así la confianza y el amor que te profesan todos tus hijos. Desde tu santuario del Cobre, venerable Virgen de la Caridad, sé siempre el manantial de todas las gracias. Amén.

Virgen del Carmen: 16 de julio

La Virgen del Monte Carmelo, o Virgen del Carmen, como se le conoce popularmente, es una advocación que data del siglo XVI. Su conmemoración fue aprobada en 1587 por el Papa Sixto V, para la Orden de los Carmelitas. Su fiesta se ha venido celebrando desde entonces, cada 16 de julio. En los países de habla hispana, su culto es ampliamente difundido. Existen iglesias en su honor en la gran mayoría de repúblicas hispano parlantes. Uno de los primeros países latinoamericanos que acogió su devoción fue Chile. Durante las primicias de la conquista, Pedro de Valdivia trajo

de España la imagen histórica que hoy se venera en la iglesia de San Francisco, la más antigua de todas las iglesias de Chile (data del siglo XVII).

Los escapularios de la Virgen del Carmen son considerados por los fieles como objetos milagrosos.

Peticiones

Se le ruega por la unión de la familia, para que no haya disgustos entre hermanos y parientes. También se le pide por problemas emocionales y falta de empleo.

Oración

Bendita Virgen del Monte Carmelo, madre del Mesías, reina del cielo y de la tierra, redentora de los hombres y protectora de los creyentes. A ti venimos con humildad a darte las gracias por los milagros que has obrado en nuestras vidas y a rogarte por aquellas súplicas que precisan ser escuchadas. Es tu santa imagen la luz de esperanza que ilumina el camino en la vida terrenal y tus ojos misericordiosos son el reflejo de la promesa hecha por nuestro señor Jesucristo. Amén.

Virgen de Coromoto: 8 de septiembre

Nuestra Señora de Coromoto de los Cospes es la Santa Patrona de Venezuela. La leyenda cuenta que la virgen, se le apareció en 1651 al cacique de los Coromotos, quien luego abrazó la fe católica. El cacique después de observar las grandes injusticias cometidas en contra de su pueblo durante la conquista, intentó rehusar su nueva fe y se dice que enfureció durante la segunda aparición de la Santísima. La virgen, al desaparecer, dejó en manos del cacique una imagen la cual desde entonces se venera con gran devoción en el santuario de Guarane. Miles de sus devotos han dado fe y testimonio de toda clase de milagros que han sido receptores, especialmente en la curación de enfermos.

Peticiones

Se le pide para aliviar condiciones serias de salud, también para aliviar las penas del alma.

Oración

Sagrada Virgen de Coromoto, tú que eres la encargada de avivar la llama de la fe y la esperanza, en el corazón de tus fieles devotos, acudimos a ti en plena confianza, para suplicarte humildemente que ilumines nuestros pasos, con tu santa luz que emana bondad y misericordia. Sea tu pureza infinita nuestro refugio espiritual, y tu aura encantadora, la fuente que nos inspire y llene de consuelo el alma. Amén.

D

Virgen Desata Nudos: 8 de diciembre

La devoción a esta virgen tuvo su origen en Ausburgo, Alemania. En Argentina ha sido acogida por los fieles con gran devoción y solemnidad, por lo cual fue entronizada en San José del Talar el 8 de diciembre del 2006. La Virgen Desata

Nudos es una advocación de la Inmaculada Concepción, con la luna bajo sus pies. Son tantos los milagros que le adjudican los creyentes, que más de treinta mil fieles asisten a rendirle honores el día 8 de cada mes. La pintura original de la Virgen Desata Nudos se encuentra en la iglesia San Peter am Perlach, obra de Johann Melchior Schmittdner y data del año 1700.

Peticiones

Se le ruega para bendecir los matrimonios, unir en amor verdadero a las parejas de enamorados y solucionar los conflictos de las parejas.

Oración

Santa María, Madre de Dios y madre nuestra, tú que con espíritu de madre desatas los nudos que entorpecen nuestra vida, te pedimos que nos recibas en tus santas manos, y nos libres de ataduras e intrigas con que nos hostiga el que nos muestra hostilidad. Por tu gracia, benevolencia y divino ejemplo, líbranos de todo mal y acércanos a Jesús. Desata pues Señora Nuestra, los nudos que impiden nuestra unión con el Señor, para que libres de toda confusión y error, lo encontremos en todas las cosas. Del mismo modo, tengamos en Él, puestos nuestros corazones, nuestra fe y esperanza. Amén.

Virgen de la Divina Providencia: 19 de noviembre

El culto y advocación a la Virgen de la Divina Providencia, tuvo su origen en Italia durante el siglo XIII. La devoción que le profesaron los feligreses se difundió rápidamente a otras naciones, especialmente España, en donde se le edificó un santuario en su honor, en Tarragona, Cataluña.

Durante la época de la colonia, los conquistadores introdujeron la fe a la Virgen de la Providencia a varias naciones del nuevo mundo, siendo en Puerto Rico, en donde se le acogió como Santa Patrona. El 19 de noviembre de 1969, el Papa Pablo VI firmó un decreto mediante el cual se declaró oficialmente a Nuestra Señora Madre de la Divina Providencia, como Patrona principal de la isla del Encanto. En el mismo decreto, se instauró la solemnidad de la Santísima el 19 de noviembre en vez del 2 de enero, así se unieron las dos grandes festividades del pueblo puertorriqueño, ya que la isla también fue descubierta un 19 de noviembre.

Peticiones

Se le ruega por una vida sana, para alejar peligros y para que siempre exista unión y amor entre los miembros de las familias.

Oración

Acuérdate de tus fieles, Santa Madre, virgen de la divina providencia. Aquí venimos a implorar tu protección celestial, porque sabemos perfectamente, que tu corazón, es el manantial inagotable de toda gracia y pureza. Asiste a tus hijos en todo momento y condúcenos, pues sagrada virgen, a la luz del cielo y a la salvación de las almas, por medio del amparo de nuestro buen Jesús. Amén.

Virgen de los Dolores: 15 de septiembre

Más que una advocación, la conmemoración de la Virgen de los Dolores o la Dolorosa, es un título con el cual se le rinde honor a la virgen, por su compasión y dolor espiritual por los sufrimientos padecidos por su hijo, el Señor Jesús. Esta devoción tuvo sus orígenes durante la edad media y fue ampliamente promovida por los Servitas. En el año 1817, fue aprobada la devoción para toda la iglesia latina.

Los dolores espirituales padecidos por la Santísima Virgen, son además conmemorados en el Rosario y en dos celebraciones cristianas: el viernes santo y el 15 de septiembre. La rememoración del 15 de septiembre fue autorizada originalmente por la iglesia, para España, por petición de Felipe V en el siglo XVIII. Posteriormente la celebración se difundió para toda la iglesia.

Peticiones

Se le reza para encontrar consuelo cuando se sufre por penas del alma, y por resignación cuando se sufre por la pérdida de un ser querido.

Oración

Virgen de los Dolores, Señora y madre mía. Con cariño y devoción vengo a ofrecerte en este día cuanto soy y cuanto tengo. Mis ojos para admirarte, mi voz para bendecirte y mi corazón para amarte. Por tal motivo, te pido que me alejes de todo mal e ilumines el sendero que me conducirá a la vida perdurable y al gozo de la compañía del Salvador de los hombres. Amén.

F

Virgen de Fátima: 13 de mayo

La advocación de la virgen, de la parroquia de Fátima en Portugal, data desde el año 1917, cuando la Santísima se apareció a tres niños pastores de la aldea de Aljustrel, el 13 de mayo de 1917. La aparición continuó dándose durante seis

meses consecutivos los días 13, hasta su culminación el día 13 de octubre, fecha en la que más de 70 mil personas, observaron el milagro del Sol, que consistió en la sobrenatural rotación del sol en el cielo durante 10 minutos. Los tres pastorcillos eran Lucía dos Santos, de 10 años de edad, y sus primos Jacinta y Francisco Marto, de 7 y 9 años de edad respectivamente. Cinco de las apariciones sucedieron en un sitio conocido como la Hondonada de Iria.

Durante sus apariciones la virgen pidió fervientemente, que se rezara el rosario. Habló de la conversión de Rusia y de grandes calamidades que ocurrirían en nuestro planeta.

Francisco murió en 1919 y Jacinta en 1924. Según versiones extraoficiales, la única sobreviviente de los tres, llegaría a ser testigo de los presagios dictados por la Virgen Santísima.

En 1930, el obispo de Liria, después de reunir la información requerida durante varios años, publicó una carta pastoral acerca de la Devoción a la Virgen de Fátima y se declararon verídicas las apariciones.

Peticiones

Se le reza por problemas y condiciones de salud, por la paz del mundo, para encontrar resignación cuando se pierde a un ser querido, o si se ha pasado por una calamidad.

Oración

Santísima Madre de misericordia, Reina del cielo y Emperatriz del universo. Así como te dignaste a manifestar mensajes de paz y salvación para toda la humanidad, del mismo modo te pedimos, tu santa asistencia ante cualquier dificultad mayor que se presente. Otórganos la gracia que te imploramos, para que podamos ser los fieles cumplidores de la voluntad divina que nos fue encomendada desde el cielo. Amén.

G

Virgen de Garabandal: 18 de junio

El 18 de junio de 1961, una pequeña aldea llamada San Sebastián de Garabandal, en la provincia de Cantabria, al norte de España, fue testigo de las apariciones milagrosas de la Santísima Virgen María. En ese mismo año, millares de personas devotas, acudieron a presenciar las maravillas en aquella pequeña aldea de trescientos habitantes.

En las primicias de la tarde del domingo 18 de junio de 1961, cuatro niñas afirmaron haber visto la aparición de un ángel, quien les anunciaba la próxima y gloriosa aparición de la Madre del Redentor. Las niñas eran, Conchita González, Mari Cruz González, Jacinta González y Mari Loli Mazón. Durante el otoño de ese mismo año, las cuatro videntes dieron a conocer al mundo un mensaje trascendental dictado por Nuestra Señora:

"Hay que hacer muchos sacrificios y mucha penitencia, y tenemos que visitar mucho al Santísimo, pero antes tenemos que ser muy buenos. Y si no lo hacemos vendrá un castigo. Ya se está llenando la copa, y si no cambiamos vendrá un castigo".

Las apariciones de la Virgen de Garabandal crearon mucha controversia y muchos consideraron que no eran verdaderas. Sin embargo, para los que tenemos fe verdadera en la Virgen María, las consideramos reales y milagrosas.

Peticiones

Se le pide por la salvación de la humanidad, y por los que sufren y lamentan sus penas.

Oración

La luz divina del cielo envía, un mensaje de paz, la luz se abre de frente al horizonte, es nuestra Señora de Garabandal. Son hechos maravillosos que la sagrada virgen nos quiso dar, un mensaje, un milagro, el mundo debe cambiar. La luz se abre en el horizonte, es nuestra Señora de Garabandal. Dios te salve Madre eterna, en tu luz quiero reposar, concédeme los favores que te pido, para que en mi vida la paz vuelva a reinar. Amén.

Virgen de Guadalupe: 12 de diciembre

Apareció por primera vez frente al indio Juan Diego, en el Cerrito del Tepeyac, México, el 9 de diciembre de 1513, pidiendo que en ese lugar se levantara un templo en su honor. El obispo de ese entonces, Fray Juan de Zumárraga, recibió la noticia con mucha reserva.

Posteriormente el 12 de diciembre, la virgen volvió a aparecerse y le pidió al indio que recogiera las rosas que brotarían en el cerro. Juan Diego las recogió, las colocó

en su ayate y fue y las mostró al fraile como prueba de la aparición. Cuando el indio desdobló su ayate, la imagen de la Virgen de la Concepción estaba plasmada en la túnica. Así fue como el fraile y los demás prelados de la iglesia fueron testigos de aquel milagro.

La Virgen de Guadalupe fue coronada canónicamente el 12 de octubre de 1895 por el Papa León XIII. La Virgen Morena, la Sagrada Virgen de Guadalupe, es la reina de México y emperatriz de las Américas y las islas Filipinas.

Peticiones

Se le pide por situaciones complicadas de salud, por el bienestar de la familia y para obtener el perdón de Dios, por las culpas y pecados.

Oración

Piadosa Virgen María de Guadalupe, dales clemencia, amor y comprensión a todos los fieles que te veneran y vuelan en busca de tu noble protección. Que tu intercesión, al igual que la fragancia dulce de las rosas, ascienda a tu divino hijo, nuestro Señor Jesucristo. Que él pueda oír nuestras oraciones, escuchar nuestras súplicas, secar nuestras lágrimas, y darnos sagrada ayuda y asistencia. Amén.

I

Virgen de la Inmaculada Concepción: 8 de diciembre

La festividad de la Concepción de la Virgen María, tuvo su origen en Italia y luego en Inglaterra. Un siglo después la devoción a la Inmaculada, se había difundido en los países europeos católicos. La fe a esta advocación de la virgen llegó al continente americano a finales de 1598. Su devoción tuvo gran auge entre los católicos de Estados Unidos, y fueron los jesuitas franceses asentados en Louisiana quienes se encargaron de extender el culto entre los nuevos fieles.

Durante el siglo XIX, la veneración a esta virgen ya se había extendido por todos los estados de la unión, por lo cual en el año 1846, los obispos estadounidenses pidieron al Vaticano que fuera nombrada como la Santa Patrona de la iglesia católica del país. El decreto fue promulgado por el Papa Pío IX en 1847.

Es una de las vírgenes más veneradas por los fieles católicos de todo el mundo.

Peticiones

Se le pide por ayuda en momentos de tribulación, se le ruega por la familia, por los seres queridos y por la cura de enfermedades.

Oración

Ave María Purísima, madre de gracia, madre de benevolencia, vida, dulzura y esperanza nuestra. Tú que eres espléndida y bondadosa, acude en nuestro auxilio y concédenos el favor y la misericordia que pedimos. Escucha Madre

Inmaculada el clamor de tus hijos, dirige nuestros pasos hacia el bien y líbranos de todos los males y tentaciones para que seamos fieles y dignos servidores de la voluntad del Altísimo. Amén.

L

Virgen de Loreto: 10 de diciembre

La advocación de la Virgen de Loreto se hizo popular porque se cree que en la Santa Casa de Loreto, fue donde vivió la Santísima Virgen junto a sus padres, Santa Ana y San Joaquín, en Nazaret. La leyenda relata que la casa fue transportada por obra de un milagro de Nazaret a Iliria, en el año 1291, y posteriormente a Loreto, Italia, en el año 1294. La santa casa se encuentra recluida en una de las basílicas considerada como uno de los santuarios espirituales más famosos y concurridos de Italia.

El milagro del traslado de la santa casa de la virgen se conmemora el día 10 de diciembre. Muchos teólogos y estudiosos han puesto en tela de juicio tal milagro, sin embargo, para Dios, nada es imposible.

Peticiones

Se le reza para poder adquirir una casa, para sentirse seguro y feliz en el lugar en donde se reside. Muchos fieles le piden cuando tienen problemas con las hipotecas de sus hogares.

Oración

Dios te bendiga, sagrada Virgen de Loreto. Estrella de la mañana, fuente de vida y esperanza. Atiende nuestros ruegos clemente Señora, y así como iluminas con tu santa luz a todos los que se amparan bajo tu protección, asimismo purifica nuestras almas, guárdanos de peligros y consagrando nuestro hogar en el nombre del cielo. Todo esto te lo pedimos en el nombre del pastor de las almas, Cristo Redentor. Amén.

Virgen de Lourdes: 11 de febrero

Venerada advocación que se conmemora en Lourdes, Francia, y en todo el mundo católico. En 1858, la Santa Virgen se le apareció dieciocho veces en la gruta Massabielle, en las cercanías de Lourdes, a una joven campesina llamada Bernadette Soubirous (Santa Bernardita). La virgen se reveló como la Inmaculada Concepción, y pidió que se erigiera una capilla en su honor. Le indicó a Santa Bernardita que bebiera agua de un manantial que ella haría brotar.

La iglesia investigó exhaustivamente todos los relatos de Santa Bernardita durante más de cuatro años, hasta que la fiesta en honor a la Virgen de Lourdes se decretó en 1870. Por tal motivo, la iglesia que se edificó en la gruta fue reconocida como basílica. Desde ese entonces millones de personas han visitado la gruta. Aquellos con verdadera fe le adjudican poderes curativos al agua que brota del manantial.

Peticiones

Para curar cualquier enfermedad. Miles de fieles han dado testimonio que han sido curados de enfermedades terminales por medio de la fe a la milagrosa Virgen de Lourdes.

Oración

Majestuosa es tu presencia, Señora de Lourdes, virgen milagrosa, que apareciste como destello de la mañana y te anunciaste en luz resplandeciente a la humilde niña, a quien le dijiste. "Yo soy la Inmaculada Concepción". Serás siempre bendita por los miles de milagros que has venido realizado y por la dicha que derramas fielmente sobre todos los creyentes. Escucha las peticiones que te hago en esta devota oración y sigue alimentando la fe de tus hijos, hijos de la Inmaculada Concepción. Amén.

M

Virgen María Auxiliadora: 24 de mayo

María Auxilio de los Cristianos, es un título que expresa todo el amor y la mediación de la Santísima, por quienes que piden su protección y patrocinio. La advocación de María Auxilio de los Cristianos tuvo sus inicios hacia 1558, cuando se le invocaba en las letanías que se rezaban en el santuario de Loreto en Italia. De allí surgieron las *Letanías Lauretanas*, letanías que fueron aprobadas por el Papa Clemente VIII en 1601.

Uno de los santos más influyentes en la difusión de la devoción a María Auxiliadora fue San Juan Bosco. La Santa Madre fue quien inspiró al santo a crear tres familias religiosas, que ahora se encuentran diseminadas por todo el mundo: Los Salesianos, las Hijas de María Auxiliadora y los Cooperadores Salesianos. La fe en María Auxiliadora es universal.

Peticiones

Se le ruega cuando se están pasando momentos difíciles, peligros, persecuciones y cuando se sufre debido a calumnias.

Oración

Bienaventurada y Santa María Auxiliadora, refugio de los oprimidos, esperanza de los afligidos, consuelo de los atribulados. Ten piedad y compasión de este fiel ciervo de

Cristo y auxíliame en mis penas y en la zozobra que me aqueja. Gloriosa Reina del cielo y de la tierra, en tus manos entrego mi dolor y sé perfectamente que cuento con la más piadosa asistencia, benevolencia y misericordia. Concédeme sagrada virgen los favores que te pido en el nombre de Dios nuestro Señor. Amén.

Virgen María Rosa Mística: 13 de julio

En la primavera de 1947, la enfermera italiana Pierina Guilli, presenció la aparición de la Virgen María en Montichiari, en Italia. La virgen vestía una hermosa túnica morada y su cabeza estaba cubierta por un finísimo velo blanco. Ella exclamó: "Oración, penitencia y reparación".

Pocos meses después la virgen apareció de nuevo ante Pierina, y esta vez dictó un mensaje trascendental: "Soy la Madre de Jesús y madre de todos vosotros. Nuestro Señor me envió para implantar una nueva devoción Mariana en todos los institutos así masculinos como femeninos, en las comunidades religiosas y en todos los sacerdotes. Yo les prometo que si me veneran de esta manera especial, gozarán de mi protección, y habrá un florecimiento de vocaciones religiosas. Deseo que el día 13 de cada mes se me consagre como día Mariano y los doce precedentes sirvan de preparación con oraciones especiales. En ese día derramaré gran abundancia de gracias y santidad sobre quienes así me hubiesen honrado. Deseo que el 13 de julio de cada año sea dedicado en honor de Rosa Mística".

Peticiones

Se le pide en momentos de ansiedad, para calmar la angustia, para aplacar la ira en otras personas y para conservar la fidelidad en el matrimonio.

Oración

Oh, María, Rosa Mística, Madre de Jesús y, también madre nuestra. Tú eres nuestra esperanza, nuestra fortaleza y nuestro consuelo. Danos, desde el cielo, tu maternal bendición en el nombre del padre y del hijo y del Espíritu Santo. Amén.

Virgen de la Medalla Milagrosa: 27 de noviembre

La devoción a esta virgen se remonta a 1830 en París, cuando apareció frente a Santa Catalina Labouré, de la orden de San Vicente de Paúl. En las sagradas apariciones, la virgen pidió a la santa, que mandara a acuñar una "medalla milagrosa" en la que estuviera inscrita la frase "Oh María, concebida sin pecado, rogad por nosotros que recurrimos a vos".

Desde aquel entonces la Virgen de la Medalla Milagrosa, se ha convertido en un fiel refugio de fe, para todos los creyentes que acuden a la Santísima. Los milagros obrados por esta advocación mariana son reconocidos en todo el mundo.

Michael Lombard, un soldado norteamericano que luchó en África durante la II Guerra Mundial, publicó a finales de los años 40, una historia verídica, en la que relata como una medalla milagrosa que su madre le obsequió antes de partir al campo de batalla, le sirvió de escudo protector ante una bala enemiga que le hubiera penetrado el corazón. Su fe en la virgen santa le salvó la vida.

Peticiones

Se le implora por protección, especialmente por los jóvenes y jovencitas en edad adolescente. También se le pide por sanación.

Oración

Dios te salve, Virgen Sagrada María, madre del Redentor, reina del cielo y de la tierra, flor eterna que perfuma el alma de todos los creyentes. Concédenos gran Señora, los favores que te imploramos, alivia nuestros pesares, calma nuestra angustia, y en momentos de zozobra, bríndanos abrigo y protección. Sea tu aura divina, el camino que nos lleve al encuentro del amor y la misericordia de Dios Nuestro Señor. Amén.

Virgen de La Merced: 24 de septiembre

La advocación de la Virgen de la Merced, o Virgen de las Mercedes, se celebra el día 24 de septiembre. Surgió como obra de orden divino en España, cuando se reveló a unos sacerdotes pertenecientes a la orden de los Mercedarios, en honor a la Santísima. La veneración y festejos en honor a esta virgen fue aprobada principalmente para la Orden Mercedaria, cuya fundación fue obra de San Pedro Nolasco en 1218.

Prontamente la devoción a esta advocación, traspasó fronteras, llegando a Francia, Italia, Portugal y finalmente a la Iglesia universal. En Latinoamérica, el culto a la Virgen de la Merced es muy conocido en todas las repúblicas de ascendencia hispana. Es la Santa Patrona de Ecuador. En Perú, se alza majestuosamente una estatua en donde es venerada como patrona de la armada nacional.

Peticiones

Se le pide por problemas serios de salud, curación de enfermedades terminales y para que la fe en Dios entre en la vida de las familias.

Oración

Dulcísima Virgen de la Merced, piadosa Madre de Dios. Estrella resplandeciente del mar, luna hermosa sin los menguantes de la culpa, escogida como el sol. Oye Señora nuestros ruegos, así como atendiste desde los cielos, los lamentos de los oprimidos y con tu santa luz rompiste las cadenas de su dolor. Asimismo rompe las cadenas de nuestras culpas, para que al ser libres de ellas, merezcamos alcanzar lo que te pedimos en esta oración. Amén.

Virgen de Montserrat: 27 de abril

Según la tradición, la primera imagen de la Santa Virgen de Montserrat, fue encontrada por unos niños pastores en el año 880. Los niños dijeron ver una luz en lo alto de la montaña, y decidieron escalarla hasta que llegaron al lugar de donde provenía la luz. La imagen fue hallada al interior de una cueva. Desde ese entonces, es una de las advocaciones marianas más veneradas en España.

La antigua estatua de madera en su santuario es muy venerada y ha sido visitada por millones de personas quienes integran procesiones y romerías en honor a la virgen. A ella se le han adjudicado cientos de milagros, entre ellos la curación de enfermedades terminales, padecimientos óseos, depresiones prolongadas, parálisis y cáncer, entre muchos otros padecimientos.

Algunas peregrinaciones en su honor han sobrepasado el medio millón de fieles. El poeta Lope de Vega se inspiró en la Virgen de Montserrat para escribir un poema que honra a la Santísima. El culto a esta advocación es muy conocido en Europa, América Latina y las Islas Filipinas.

Peticiones

Se le pide por serenidad, por protección cuando se viaja, para mantener y fortalecer la paz en el hogar. También para tener una muerte en paz.

Oración

Sagrada Virgen de Montserrat, tú que tienes el corazón lleno de bondad y misericordia, que siempre escucha, atiende y consuela a los que claman tu protección. Como fieles devotos de tu infinita gracia, imploramos tu santo patrocinio ante el pastor de las lamas, para que nos alcances de él, aquel milagro que te pedimos al rezar esta oración. Recibe en compasión nuestras súplicas y ayúdanos a sofocar nuestras penas, para que seamos fieles testimonios de la justicia y benevolencia del cielo. Amén.

N

Virgen de las Nieves: 5 de agosto

La fiesta de Nuestra Señora de las Nieves, es una antigua advocación mariana cuya devoción se remonta a los tiempos del Papa Libero en el siglo IV. En aquella época vivía en Roma un descendiente de los primeros senadores de Roma llamado Juan, quien no pudo tener hijos con su mujer. Ambos eran nobles y fieles católicos, contaban con una considerable fortuna, de la que gran parte destinaban a la limosna. Cuando los esposos envejecieron, pensaron en dejar su herencia a una causa noble, por ello pidieron a la Virgen María que los iluminara. Ella respondió a sus oraciones y en un sueño se les reveló diciéndoles que deseaba que construyeran un templo en su honor en el lugar que Ella les indicaría.

En un 5 de agosto, la cima del monte Esquilino amaneció cubierta de nieve. Los esposos fueron a contarle lo sucedido al Papa y para gran sorpresa de ambos, él había tenido el mismo sueño. El Papa decidió organizar en esa fecha una gran procesión, y al poco tiempo hizo preparar los planos para construir el santuario. Juan y su esposa financiaron la obra.

De la antigua construcción casi no existen restos. Casi 80 años después, el Papa Sixto III, reconstruyó el templo, en el cual se encuentra hoy la basílica Santa María la Mayor, la iglesia dedicada a la virgen más antigua de Occidente.

Peticiones

Se le hacen ruegos por causas especiales, enfermedades, problemas legales, adicciones y para superar la adversidad cuando ocurren guerras y desastres naturales.

Oración

Sagrada Señora mía, Virgen de las Nieves, madre mía, lucero de la mañana, destello que ilumina plateado las noches oscuras. En prueba de mi sincera devoción y gratitud, te ofrezco mis ojos para admirarte, mi voz para bendecir tu nombre, mis oídos para escucharte y mi corazón para amarte. Me entrego a ti plenamente y desde este momento que soy tuyo madre santa, ilumíname, rígeme, defiéndeme, como pertenencia y posesión tuya. Amén.

P

Virgen del Perpetuo Socorro: 27 de junio

En los albores del siglo XV, un mercader de la isla de Creta, poseía una hermosa pintura de Nuestra Señora del Perpetuo Socorro. El mercader era conocido como un hombre muy piadoso y devoto de la Santísima Virgen. En aquellos tiempos, una gran cantidad de imágenes de la virgen se habían extraviado y otros habían sido presas de la destrucción y el deterioro. El mercader estaba resuelto a impedir que su cuadro se destruyera como había ocurrido con muchos otros.

Para proteger tan divino tesoro, el mercader decidió llevar la pintura a Italia, abordó un navío y se dirigió a Roma. En la ruta se desató una gran tempestad marina y todos a bordo esperaban lo peor. El mercader tomó la pintura, la sostuvo en lo alto, y pidió socorro y todos junto a la embarcación se salvaron.

La devoción a la Virgen del Perpetuo Socorro es mundial. En América es una de las advocaciones más veneradas. Fue nombrada patrona de Haití en 1933.

Peticiones

Se le pide cuando se atraviesa por grandes angustias, problemas que no parecen tener solución y cuando se está en grave peligro.

Oración

Divina Virgen del Perpetuo Socorro, acoge a tus fieles y concédenos todos los favores y peticiones que te hacemos este día. Alivia nuestras penas, dale calma a nuestro espíritu y libéranos prontamente de la angustia y el pesar. Tú que eres santa y piadosa, ruega por nosotros ante el trono de Dios y llévanos a su presencia arropados con el esplendor de tu divino manto. Amén.

Virgen del Pilar: 12 de octubre

Nuestra Señora del Pilar, es una de las advocaciones marianas más veneradas en España. Su fecha de celebración coincide con el descubrimiento de América, octubre 12. Su nombre procede del pilar de mármol, en el cual se encuentra la santa imagen de la virgen.

La antigua tradición relata que la Virgen María, se le apareció al apóstol Santiago en Zaragoza, y durante esa aparición le pidió que se erigiera el pilar, que significa la fuerza y sostén de la fe que se le profesa a la Santísima Virgen en toda España.

Peticiones

Se le pide por el bienestar de la patria, para conservar la fe, la bondad y la misericordia, por la unión familiar y por los desposeídos.

Oración

Oh dulce Virgen del Pilar, Reina, Señora y Madre, España, junto a todas las naciones hispanas, reconocen con alegría y gratitud, tu constante y bendita protección, y esperan seguir contando con ella en todo momento. Danos pues gran Señora, de tu amado hijo, la fortaleza en la fe, seguridad en la divina esperanza y constancia en nuestro amor al Dios omnipresente. Te rogamos que en todo instante de nuestra vida, seas tú, nuestra benefactora, sublime y santa Madre. Amén.

R

Virgen de Regla: 7 de septiembre

Su veneración se remonta al siglo IV. Según relata la *Historia Sacra*, escrita por el P. Fr. Diego de Carmona Bohórquez, la santa imagen de la Virgen de Regla fue tallada por órdenes de San Agustín, santo considerado como doctor de la Iglesia católica, siendo obispo de Hipona (Norte de África). El santo siempre mantuvo la imagen en su oratorio.

Más de 12 años después de la muerte de San Agustín, Hipona, la imagen fue cruelmente atacada por los Bárbaros. Entonces el diácono San Cipriano y otros monjes agostinos, decidieron huir a España. Al llegar a la Península, colocaron la imagen frente al mar y la devoción comenzó a crecer diariamente, por lo que se edificó un monasterio en honor a la virgen. Se cree que la imagen siempre fue de color oscuro.

Peticiones

Se le pide para vencer obstáculos, protección ante enemigos y fuerzas ocultas y conservar la fe en el poder de Dios.

Oración

Santa y milagrosa Virgen de Regla, imploramos tu patrocinio y favor, rogándote nos alcances de tu hijo divino, el consuelo de una buena conciencia, salud y fuerzas para servirte y venerarte. El remedio de nuestras necesidades y especialmente el de aquella por la cual os hacemos esta humilde oración. Esperamos Señora, que por tu intercesión logremos conseguir lo que te pedimos y prometemos al mismo tiempo, bendecir diariamente el nombre del Señor y alabar la misión de Jesucristo. Amén.

Virgen del Rosario: 7 de octubre

La advocación y fiesta a la Virgen del Rosario fue proclamada por el Papa Pío V. La conmemoración se celebra el 7 de octubre, fecha en que se cumple el aniversario de la victoria de los cristianos en la batalla naval de Lepanto en 1571. Dicha victoria se le atribuye a la Santísima, quien fue invocada en masa por los valientes soldados.

Hacia el año 1218, la Sagrada Virgen María apareció frente a Santo Domingo de Guzmán y le enseñó a rezar el rosario. Le dijo que difundiera la devoción y la utilizara como arma milagrosa en contra de las fuerzas malignas y los enemigos de la fe. La virgen escogió a Santo Domingo de Guzmán porque él decidió convertir a la fe cristiana a los habitantes del sur de Francia que en ese entonces se habían apartado de la iglesia para entregarse a la herejía.

Peticiones

Se le pide para mantener viva la fe cristiana, para perdonar a quienes nos hacen daño, para vencer grandes adversidades y para lograr alcanzar milagros.

Oración

Dulce Virgen del Rosario, madre piadosa, justa y benevolente, en tus brazos reposan las más nobles virtudes del cielo. En tu sacro manto, acoges a los bienaventurados hijos de Jesucristo, quienes acuden a ti en momentos de angustia. Invoco tu divina gracia, con la plena seguridad que serán escuchadas mis peticiones. Sea tu dulce nombre, el remedio de mis pesares y tu resplandeciente mirada, símbolo del perdón de todas mis fallas. Amén.

S

Virgen de San Juan de los Lagos: 8 de diciembre

Una advocación muy venerada en México y los países vecinos. La imagen original fue obsequiada por un sacerdote español a los nativos de San Juan de los Lagos en el siglo XVI. La imagen representaba a la Virgen de la Inmaculada Concepción, sin embargo, por medio de la profunda fe de los creyentes se le comenzó a conocer con el nombre de Virgen de San Juan de los Lagos.

Al pasar los siglos, la imagen original sufrió el deterioro, y se guardó en un sitio más seguro, fuera del alcance de los fieles que la visitaban para pedirle milagros. Cuando fue guardada en la sacristía, milagrosamente aparecía todas las mañanas en el altar que había ocupado siempre. Miles de creyentes dan fe y testimonio de los milagros que han recibido de la milagrosa Virgen de San Juan de los Lagos.

Peticiones

Se le pide para encontrar trabajo, mejorar un mal estado de salud y por los familiares que se encuentran lejos.

Oración

¡Oh¡ Santísima Virgen María de San Juan, Sagrada Señora mía, al volver hacia ti nuestras miradas, o sólo al pronunciar tu nombre, el alma se llena de esperanza y la paz del Señor nos viene a consolar. Inmaculada Madre, Nuestra Señora de San Juan, tú descendiste desde los cielos donde con tu Divino Hijo enseñaste a la humanidad tu amor de Madre Santísima. Con tu mirada socórrenos, alivia nuestro dolor y no nos abandones cuando pequemos. Elévame, o Madre Santísima, desde la profundidad de mi desesperación, protégeme con el amor de tu Santísimo Hijo, Jesucristo. Amén.

Virgen del Sagrado Corazón: 1º de julio

La devoción a esta virgen se debe en parte a San Juan Eudes, quien durante el siglo XVII, unía en una sola plegaria el corazón de la virgen y el corazón de Jesús. La devoción se difundió tan rápido que otros religiosos la adoptaron de inmediato. Ese fue el caso de Santa Margarita de Alacoque.

El Papa Pío XII hizo hincapié en unir la fe al corazón de Jesús junto al corazón de su bendita madre. El Sagrado Corazón de la Virgen María es representado por tres alegorías: las llamas significan su amor. El lirio, su pureza y la espada, su sufrimiento por amor a la humanidad. Sea por siempre y en todas partes conocido, alabado, bendecido, amado, servido y glorificado el Sagrado Corazón de Jesús y el Inmaculado Corazón de María.

Peticiones

Se le ruega para mantenernos puros de corazón, apartados de malos sentimientos, de la ira, la injusticia y venganza.

Oración

Acordaos piadosa Señora del Sagrado Corazón, del inefable poder que vuestro Hijo Divino os ha dado sobre vuestro corazón adorable. Llenos de confianza en vuestros merecimientos, venimos a implorar vuestra protección. ¡Oh! tesorera celestial del corazón de Jesús que es el manantial inagotable de todas las gracias, el que podéis abrir a vuestro gusto para derramar sobre los hombres todos los tesoros de amor y de misericordia, de luz y de salvación que encierra, concédenos, os lo suplicamos, los favores que pedimos. Amén.

CAPÍTULO III

SANTOS PARA EL AMOR

La medida del amor, es amar sin medida.
  —San Francisco de Sales

En muchas ocasiones hemos escuchado decir que se debe poner a San Antonio de cabeza para conseguir pareja, que se deben mantener trece velas encendidas a Santa Elena, para que nuestra pareja sea fiel, o que se le debe orar día y noche a Santa Martha para recuperar el amor que se ha ido.

Un gran número de sentencias como éstas son tomadas como antiguas supersticiones, pero algunas tienen mucho de cierto. Ni la imagen de San Antonio, ni la de ningún otro santo, se debe poner de cabeza ya que a los santos se les debe veneración y mucho respeto.

San Antonio es el patrono del amor para las jovencitas que buscan novio y para las mujeres que se quieren casar. Cuando se venera a las imágenes de los santos, se debe hacer con reverencia, y si se les quiere tocar, sólo se deben acariciar los pies de la imagen.

Aunque San Valentín es el eterno patrono del amor, existen otros santos que auxilian a los fieles cuando se les pide con fe y devoción en asuntos sentimentales. Se conocen a ocho santos precursores en los menesteres del amor.

Para cada petición existe un santo patrono al que se puede acudir en caso de necesidad. Si es divorciado, si no encuentra pareja, si es viudo, si piensa que tiene mala suerte en el amor o si aún no ha llegado el amor que espera, ya no tiene por qué inquietarse más. La divina intercesión de los santos, le hará gozar del sentimiento más grandioso, el mayor de los motores que nos mueve a todos y mueve al mundo, "el amor verdadero".

A continuación se presenta una lista con los santos patronos del amor.

Santa Ana: 26 de julio
Patrona de las mujeres maduras y las viudas.

A Santa Ana le rezan aquellas señoras y mujeres que han quedado viudas y quieren volverse a casar. Del mismo modo, las mujeres en edad madura que quieren encontrar el amor, acuden a la benevolencia de la abuela de Cristo.

Si éste es su caso, prepare un altar a con una imagen o cuadro de buen tamaño con la imagen de Santa Ana. Adórnelo con velas blancas con aroma a vainilla, dos copas de cristal con agua bendita hasta la mitad, un ramo de flores blancas, especialmente rosas o gardenias, en un florero pequeño se pone un ramo de hojas de hierbabuena.

Todas las mañanas al levantarse hará su petición, y le dedicará una oración de su propia inspiración. Por la noche rece la oración de la santa, acompañada por la oración a San Valentín. Cuando las flores se marchitan se cambian, lo mismo el ramo de hierbabuena. El agua bendita se cambia cada dos o tres días. Las velas deben permanecer encendidas por lo menos tres horas diarias.

Cuando se obre el favor que espera, llévele un ramo de rosas amarillas a la iglesia, el primer domingo de cada mes, durante cuatro meses.

San Antonio de Padua: 13 de junio

Patrón de las jovencitas que buscan novio, de las mujeres que se quieren casar, y de quienes buscan un nuevo amor.

Durante más de ocho siglos, San Antonio ha sido invocado por jovencitas y muchachas en edad de casarse que buscan el amor de un hombre que las quiera y las respete.

Si ya ha encontrado el amor, rece diariamente la oración del santo para que perdure. Cuando se pide por la llegada de un nuevo amor, se prepara un altar con una estatua o una imagen del santo.

Cada día ofrezca una vela color café y dos copas con agua bendita o agua de río. Todos los viernes ofrezca una veladora con la imagen del santo y coloque en un florero un ramo de rosas o margaritas amarillas. También se ofrenda dulces y caramelos en un plato color blanco. La oración al santo se debe rezar todos los días, con excepción de los martes y los viernes, días en los cuales se rezará tres veces y se acompañará con la oración al santo Niño de Atocha.

Santa Catalina de Alejandría: 25 de noviembre
Patrona de las mujeres solteras.

Santa Catalina siempre dispuesta a acudir en ayuda de todos los devotos que imploran su presencia. Las mujeres solteras que buscan auspicio para encontrar un buen compañero o esposo, deberán adquirir una estampita u oración de la santa.

Se escoge un día a la semana en el que se hará una visita a la iglesia, y durante el trayecto, se reza la oración a la santa. Al entrar a la iglesia deberá persignarse, orar por un momento y rezar tres Ave Marías. Al salir de la iglesia se vuelve a rezar la oración de la santa y se hace la petición. Cuando el milagro es concedido, se lleva un ramo de flores blancas a la iglesia durante nueve miércoles consecutivos.

Santa Elena: 18 de agosto
Patrona de los separados y divorciados.

Pasar por un divorcio o una separación no es fácil para nadie. Es un proceso prolongado y difícil que puede menguarse en gran medida, si se busca la intercesión y la gracia de Santa Elena.

Si se ha separado y aún existe amor entre su pareja y usted, récele una novena a la santa durante cuarenta días y cuarenta noches. Si es para el bien de ambos, Santa Elena, les unirá nuevamente. También rece la novena si alguien a quien ama se ha marchado. Si es para su conveniencia, la santa le traerá de vuelta a la persona que ama.

Para los divorciados que desean encontrar a otra pareja, pueden preparar un altar con la imagen de la santa, al que le ofrendarán diariamente dos velas, una de color rojo y otra de color blanco, incienso de sándalo, una copa con agua fresca y un florero con claveles color rosa. El altar debe contar con el mantenimiento necesario. Siempre debe mantener flores y agua fresca. La oración a la santa se reza una vez por la mañana y otra vez antes que caiga la noche. Los días jueves, además de rezar la oración, se reza la oración a San Antonio de Padua, si quien reza es mujer, o a San Valentín, en el caso de los hombres. Las velas deben permanecer encendidas al menos dos horas al día.

Para aminorar el dolor que causa una separación o un divorcio, lleve flores blancas a la iglesia durante siete martes consecutivos y ofrézcalas en nombre de Santa Elena. Si lo hace con verdadera fe y devoción, el dolor será cada vez menor.

Santa María Magdalena: 22 de julio

Patrona de las personas solitarias y de quienes sufren por amor.

Quienes sufren por una pena de amor, una ruptura o simplemente pasan por una etapa de soledad en sus vidas, pueden pedir con plena confianza el patrocinio de Santa María Magdalena. Haga su ofrenda en un altar con veintidós rosas blancas los días 22 de cada mes. También ofrezca dos velas color rosa todas las noches. Rece a diario, a eso de las 10 de la noche, su oración tres veces, seguida por la oración a la Virgen de la Caridad del Cobre. Al finalizar se presenta el favor que se necesita. Si se hace con plena fe, la santa responderá y obrará el milagro de amor que se ha pedido.

Se recomienda portar una estampita de la santa en la billetera y prometer incluirla en las oraciones diarias cuando el milagro se haya cumplido.

Santa Martha: 29 de julio

Patrona de la fidelidad en el amor.

Se le pide para tener un amor sincero, fiel, y ser plenamente correspondido por la pareja. Haga su ofrenda en un altar con una imagen de buen tamaño de la santa. Ofrezca a diario una vela color verde, una copa con agua bendita y rece su oración o una novena durante nueve martes consecutivos.

Todos los martes, antes de iniciar el rezo, se reza la oración a San Valentín, a San Antonio de Padua y se hace una promesa que deberá cumplirse cuando se haya obtenido el favor.

Santa Martha auxilia en momentos de crisis de las parejas, especialmente si ha ocurrido un acto de infidelidad. Se le ruega cuando sea necesario otorgar o pedir perdón por una falta cometida. Se le reza por protección y justicia, cuando existen terceras persona tratando de intrigar o desbaratar el amor de la pareja.

San Nicolás: 6 de diciembre

Patrón de los viudos y hombres maduros.

San Nicolás es el santo patrón de los hombres que han quedado viudos y de edad madura que quieren encontrar una pareja o una compañía agradable.

Para rogar por su sagrada intercesión y pedirle favores, se deben ofrendar al santo seis velas de diversos colores (rojo, blanco, verde, plateado, dorado y azul) el día 6 de cada mes. Rece la oración al santo, todas las tardes. Cuando se pide un milagro a San Nicolás se ofrece a cambio realizar una obra de caridad. Si se prepara un altar con su imagen, es preciso ofrendarle periódicamente flores rojas, incienso con fragancia de jazmín, una copa con agua bendita y rezar a diario su oración seguida por la de San Valentín.

San Valentín: 14 de febrero

Patrón del amor, de los novios y de los hombres solteros.

Como patrón del amor, San Valentín es considerado uno de los santos auxiliadores para todo el mundo. Existen diversas formas para agradarle y obtener su venerable auxilio.

Para los hombres solteros que buscan novia o esposa, se aconseja que porten una estampita del santo en la billetera y recen durante dos meses la oración al santo los días lunes, miércoles y viernes. Si se le prepara un altar, éste deberá siempre contar con dos ramos de flores frescas de color rojo o rosa preferiblemente, dos copas con agua mineral o agua bendita hasta la mitad, dos velas de color violeta y siete amatistas de diversos tamaños.

La novena en honor al santo, se reza durante 36 días consecutivos cuando se pide para que el amor perdure en el noviazgo y por 40 días para los hombres que buscan novia.

San Valentín es el santo que patrocina los sentimientos solidarios y la amistad, para pedirle por buenas amistades se ofrendan en su honor, siete velas blancas el día 14 de cada mes.

Para buscar su protección en caso de enemistades y gente con malas intenciones, se reza durante 28 días la oración a San Valentín, seguida por la de San Alejo y la oración a la Virgen de Regla.

Virgen de la Caridad del Cobre: 8 de septiembre

Patrona de los casados y de las parejas.

Nuestra Señora de la Caridad del Cobre, es la Santa Patrona de la felicidad de los matrimonios y de las parejas que se quieren casar. Para implorar su patrocinio, se ofrenda un altar en su honor. Éste debe constar de una imagen de la virgen, flores amarillas, dos velas amarillas que deben arder constantemente. También se ofrenda un objeto de cobre y en un plato (de preferencia color dorado), se colocan dulces, galletas y golosinas. La oración de la virgen se reza a diario y se acompaña con la oración a Santa Martha.

El día más propicio para adornar el altar a la virgen y dar inicio con el rezo de las oraciones, es el viernes. Al recibir los favores de la Virgen de la Caridad del Cobre, agradezca llevando margaritas amarillas a la iglesia el día 8 de cada mes.

CAPÍTULO IV

SANTOS PARA CADA PROFESIÓN

¿Cómo es posible que alguien que ama a Dios pueda amar algo fuera de él?
—San Felipe Neri

El trabajo dignifica el espíritu del hombre. Para cada profesión u ocupación, siempre está presente la luz protectora de un santo patrón. Acudiendo a los santos milagrosos con entera devoción, nuestro esfuerzo será guiado con esmero hacia la senda del progreso.

Los maestros espirituales aconsejan portar en la billetera o tener en el dormitorio, una estampa con la imagen del santo que ilumina con su aura benefactora nuestras labores diarias.

A continuación se presenta una lista de profesiones y ocupaciones con su respectivo santo patrón. Si está buscando trabajo, pídale al santo con toda su fe.

A

Abogados: Santo Tomás Moro
Se porta una estampita de él en la billetera o el portafolios.

Actores: San Víctor
Todos los viernes se le ofrendan cuatro velas amarillas en su honor.

Aeromozas: San Cristóbal
Portar una medalla o una esclava del santo cada vez que se realiza un viaje.

Agentes de aduana: San Mateo
Se le ofrenda una vela blanca todos los lunes.

Agente de bienes raíces: Virgen de Loreto
Se le reza la oración todos los días por la mañana.

Agentes de inmigración: San Mateo
Se porta una estampa del santo en la billetera.

Agente de seguros: Virgen del Perpetuo Socorro
Se le ofrenda una vela azul, todos los días jueves.

Agricultores: San Isidro Labrador
Se le prepara un altar con flores y frutas frescas.

Albañiles: San Vicente Ferrer
Se porta en la billetera una estampa u oración del santo.

Alguaciles: San Alfonso Rodríguez
Portar la oración del santo en la billetera.

Amas de casa: Santa Ana
Es recomendable tener una imagen de la santa en el área del comedor de la casa.

Amas de llaves: Santa Zita
Se tiene una imagen o estampa de la santa y se le ofrenda una vela azul los días viernes.

Animadores de televisión: Santa Catalina de Bologna
Se le ofrendan dos velas, una café y una blanca. Hacerlo en día miércoles.

Anunciantes: San Francisco de Sales
Se le ofrendan velas color verde y un ramo de hierbabuena en un florero.

Aprendices: San Juan Bosco
Se le reza la oración todos los lunes.

Arqueólogos: Santa Elena
Rezar su oración a diario durante una expedición o trabajo.

Arqueros: San Sebastián
Prepare un altar con velas blancas y un artículo deportivo.

Arquitectos: Santo Tomás Apóstol
Se le prepara un altar con velas blancas y flores amarillas.

Artesanos: Santiago Apóstol
Se le reza la oración todos los viernes y domingos.

Artistas: San Lucas
Se le prepara un altar con velas color naranja y se le ofrendan gladiolas.

Astrólogos: Santo Tomás de Aquino
Se le reza la oración durante los primeros 9 días de cada mes.

Astronautas: San José de Cupertino
Portar la estampa u oración durante cada viaje.

Aviadores: San José de Cupertino
Se porta una estampa del santo durante cada viaje.

Automovilistas: San Cristóbal
Se porta su estampa o su oración en el automóvil.

B

Bailarines: San Vito
Siempre dedicarle al santo su mejor baile.

Balseros: San Cristóbal

Siempre portar consigo la estampita con la oración e imagen del santo.

Banqueros: San Mateo

Ofrendarle cuatro velas color verde el primer día de cada mes.

Barberos: San Cosme y San Damián

Colocar una estampa de los santos cerca de la puerta de entrada de la barbería.

Bibliotecarios: San Jerónimo

Colocar una estampa o imagen del santo en la biblioteca.

Bomberos: Santa Bárbara

Portar una estampita de la santa cuando estén laborando.

Bordadoras: Santa Clara

Se le prepara un altar y se le ofrendan rosas blancas todos los lunes.

Botiqueros: San Nicolás

Se mantiene una imagen del santo en el establecimiento.

Boxeadores: San Ubaldo

Antes de cada pelea, ir a la iglesia rezar tres Padre nuestros, tres Ave Marías y finalmente encomendarse al santo.

C

Campesinos: San Isidro Labrador
Se le prepara un altar y se le ofrendan parte de las cosechas.

Cantantes: Santa Cecilia
Dedicarle siempre la primera canción en su honor.

Canteros: San Roque
Rezar su oración todos los días por la mañana

Carniceros: San Bartolomé
Prepararle un altar con flores blancas y veladoras azules.

Carpinteros: San José
Tener una imagen del santo en la casa.

Carteros: San Gabriel
Portar la imagen del santo diariamente y rezar su oración los días de descanso.

Catedráticos: Santa Catalina de Alejandría
Tener en casa un cuadro con la oración e imagen de la santa.

Cerrajeros: San Pedro
Rece su oración cuatro veces en voz alta, el día 29 de cada mes.

Cerveceros: San Lorenzo
Tenga una imagen del santo en el negocio o establecimiento.

Científicos: San Alberto Magno
Prepararle un altar adornado con flores blancas e instrumentos tecnológicos.

Cineastas: San Juan Bosco
Rezar los domingos la oración del santo, precedida por la oración a María Auxiliadora.

Cirqueros: San Julián
Portar tres estampitas con la imagen del santo.

Cirujanos: San Cosme y San Damián
Se les reza la oración antes de realizar una operación.

Cobradores: San Mateo
Portar consigo una estampa del santo.

Cocheros: San Cristóbal
Portar la estampa y oración siempre que manejen.

Cocineros: San Lorenzo
Prepararle un altar con dos velas blancas y un florero con ramitos de perejil y hierbabuena.

Comadronas: San Ramón Nonato
Rezar su oración antes y después de atender un parto.

Comediantes: San Víctor
Ofrendarle una vela color verde todos los viernes y rezar su oración todos los martes.

Comerciantes: San Francisco de Asís

Prepararle un altar con tres velas color café y flores amarillas.

Compositores: Santa Cecilia

Se reza su oración todas las mañanas.

Conserjes: Santa Lucía

Rece la oración el día 13 de cada mes, y lleve flores a la iglesia el 13 de diciembre.

Contables: San Mateo

Mantener en su oficina una estampita del santo y rezar su oración todos los viernes.

Constructores: San Blas

Ofrendarle diariamente una vela blanca y portar su estampita siempre que estén laborando.

Cosmetólogas: San Luís

Hacerle un altar, el cual se adorna con velas amarillas y flores blancas.

Costureras: Santa Clara

Prepararle un altar y ofrendarle una vela blanca de manera perenne.

D

Dentistas: San Roque

Mantener una estampa o imagen en el consultorio.

Deportistas: San Sebastián

Rezar su oración tres veces antes de cada competencia.

Dermatólogos: San Roque

Mantener una imagen del santo en su casa.

Diplomáticos: San Gabriel Arcángel

Mantener una imagen del Arcángel en el despacho y portarla consigo en cada viaje.

Dietistas: San Cosme y San Damián

Tener dos estampitas de los santos, una en casa y otra en el consultorio.

Directores: San Ignacio de Loyola

Mantener una imagen del santo en la oficina.

Distribuidores: San Juan de Dios

Todos los lunes por la mañana se reza su oración seguida por la del santo Divino Niño.

Documentalistas: San Cayetano

Rezar su oración dos veces en voz alta, antes y después de comenzar a trabajar.

Doctores: San Rafael Arcángel

Encomendarse a él todos los días.

Dueños de funerarias: San José de Arimatea

Se recomienda mantener una imagen del santo en la oficina.

E

Ecologistas:
San Francisco de Asís

Portar su estampa envuelta en un trozo de tela color verde.

Editores: San Juan Evangelista

Mantener en el escritorio una estampa e imagen del santo.

Educadores: San Felipe Neri

Tener una imagen del santo en la casa y colocarla sobre una librera.

Electricistas: Santa Bárbara

Tener un cuadro de ella o su imagen y ofrendarle velas rojas.

Empleados de Gobierno: Santo Tomás Moro

Portar la estampa del santo en horario de trabajo, además ofrecerle una veladora blanca todos los miércoles.

Empleados de tiendas, almacenes y establecimientos comerciales: Santa Zita

Ofrendarle una vela de diferente color cada día.

Empleados en editoriales y librerías: San Francisco de Sales

Rezar su oración todas las mañanas, seguida por la oración a San Juan de Dios.

Empresarios: San Martín Caballero

Colocar arriba de la puerta de entrada de la casa (por dentro) un cuadro con la imagen del santo.

Enfermeras: San Camilo de Lelis

Portar la oración del santo, siempre que estén laborando.

Enterradores: San José de Arimatea

Mantener una estampa del santo en la habitación y ofrendarle tres velas blancas todos los viernes.

Escritores: San Francisco de Sales, San Pablo

Rezarle una novena a cada uno, una vez al mes.

Escoltas: San Jorge

Portar en la billetera una estampita del santo.

Escultores: San Lucas

Se le ofrendan dos velas color naranja todos los viernes.

Estilistas: San Luís Gonzaga

Mantener un altar con su imagen o un cuadro con su retrato, y ofrendarle periódicamente flores rojas y blancas. También se mantiene encendida una vela de color rojo.

Estudiantes: Santo Tomás de Aquino

Rezar su oración todas las noches y tres veces antes de cada examen.

Evangelistas: San Juan Evangelista

Leer diariamente un versículo de su evangelio.

F

Fabricantes de cajas y maletas: San Juan Bautista

Ofrendarle un altar con velas blancas y flores rojas.

Fabricantes de espejos: San Juan Bautista

Rezar su oración todos los lunes.

Fabricantes de juguetes: San Patricio

Portar un escapulario de la Virgen del Carmen y rezar la oración del santo todos los viernes.

Fabricantes de tejidos: San Francisco de Asís

Ofrendarle velas y flores amarillas todos los martes.

Fabricantes de velas: San Ambrosio

Una vez a la semana se le ofrendan cinco velas de diferentes colores.

Farmacéuticos: Santa María Magdalena

Ofrendarle una vela blanca todos los lunes y mantener su estampita en la vitrina principal del establecimiento.

Ferreteros: Santa Bárbara

Ofrendarle una vela roja en día viernes.

Filósofos: Santa Catalina de Alejandría

Leer su biografía y portar consigo una estampita de la santa.

Floristas: Santa Rosa de Lima

Se le prepara un altar con flores color rosa, las que deben cambiarse con frecuencia.

Fotógrafos: Santa Clara

Ofrendarle un altar con flores y velas blancas.

Funcionarios de gobierno: San Mateo

Portar consigo la oración del santo.

G

Gerentes: San Marcos

Mantener una estampita del santo en un sitio visible de la oficina.

Guardias de seguridad: San Jorge

Portar la estampita del santo siempre que estén prestando servicio.

Guardias forestales: Virgen de las Mercedes

Rezarle todos los domingos.

Guardaespaldas: San Jorge

Siempre portar consigo la estampita del santo.

H

Herreros: San Eloy
Rezarle todos los martes.

Hiladores: San Antonio de Padua
Llevarle flores blancas a la iglesia.

Hoteleros: Santa Marta
Tener una imagen o retrato de la santa arriba de la puerta (por dentro) de entrada del hotel.

Humoristas: San Felipe Neri
Ofrendarle una vela de dos colores los días jueves.

I

Impresores: San Pablo
Rezar su oración todos los lunes por la mañana.

Ingenieros: San Fernando
Se le ofrendan en día sábado, tres velas de diferentes tamaños y forma geométrica.

Intérpretes: San Marcos
Rezar su oración en los idiomas que domine.

J

Jardineros: Virgen de Coromoto

Rezar su oración todos los martes.

Joyeros: San Eloy

Portar una medalla con el nombre del santo inscrito en ella.

Jueces: Santo Tomás Apóstol

Leer diariamente un párrafo de sus evangelios, también leer los proverbios bíblicos.

Juristas: San Marcos

Ofrendarle una vela de dos colores en día viernes.

L

Licenciados: San Pablo

Portar una estampa con la imagen y oración del santo.

Locutores: San Gabriel Arcángel

Encender una vela blanca en su honor todos los días.

M

Maestros: San Juan Bautista de La Salle

Rezar su oración y ofrendarle una vela azul, una vez a la semana.

Maquinistas: Santa Catalina de Alejandría

En día domingo, llevar flores color rosa a la iglesia y rezar la oración de la santa.

Marineros: Virgen del Carmen

Portar siempre consigo el escapulario de la virgen.

Mecánicos: San Eloy

Ofrendarle una vela amarilla todos los viernes.

Mercaderes: San Francisco de Asís

Ofrendarle todos los día una vela color amarillo.

Médicos: San Cosme y San Damián

Rezar su oración todas las noches y ofrendarles una veladora roja los días martes.

Meseros: Santa Zita

Rezar su oración antes de cada turno de trabajo.

Militares: San Ignacio de Loyola

Portar consigo la estampita del santo.

Mineros: Santa Bárbara

Ofrendarle una vela roja los martes y viernes.

Misioneros: San Francisco Javier

Rezar su oración todas las mañanas, precedida por un Padre Nuestro.

Modelos: Santa Cristina
Rezar su oración todas las mañanas.

Modistas: Santa Lucía
Portar una medallita con la imagen de la santa.

Monjes: San Benito
Encomendarse al santo todas las mañanas.

Motoristas: San Cristóbal
Portar siempre consigo una estampa y la oración del santo.

Mujeres empresarias: Santa Martha
Ofrendarle tres velas color verde todos los martes.

Músicos: Santa Cecilia
Ofrendarle una vela blanca todos los domingos.

N

Niñeras: Santa Isabel
Ofrendarle una vela color rosa todos los viernes.

Niños guías: San Jorge
Portar consigo la estampita del santo.

Niños trabajadores: Santa Zita
Rezar su oración todas las noches, seguida por la oración al Niño de Atocha.

Notarios: San Marcos

Mantenga en el despacho un cuadro con la imagen del santo.

Nutricionistas: San Cosme y San Damián

Tener una estampita de los santos en el consultorio.

O

Obreros: San José

Ofrendarle una veladora con su imagen todos los lunes.

Oculistas: Santa Lucía

Ofrendarle dos velas rojas y rezar su oración el día 13 de cada mes.

Oficinistas: San Pablo

Portar consigo la oración al santo y rezarla los viernes.

Optometristas: Santa Lucía

Mantener una estampita de la virgen en el establecimiento.

Oradores: San Pedro de Betancourt

Dos veces a la semana se quema incienso, se ofrenda una vela y se reza la oración del santo.

Orfebres: San Eloy

Ofrendarle una veladora de siete colores los martes.

Organizador de eventos: San Pedro

Ofrendarle dos velas color azul y un vasito con agua bendita los días miércoles y sábados.

P

Panaderos: Santa Úrsula

Se le ofrenda una veladora de tres colores todos los viernes a la medianoche.

Paracaidistas: San Miguel Arcángel

Rezar su oración antes de cada faena.

Párrocos: San Benito

Rezar el Santo Rosario y la oración al santo todas las noches.

Pastores: San Pascual Bailón

Tener junto a su estampa una copa con agua bendita y cámbiela dos veces por semana.

Payasos: San Nicolás

Se le ofrenda al santo una vela de tres colores cada tres días.

Peleteros: San Juan Bautista

Rezar su oración todas las noches.

Peluqueros: San Luís Rey

Colocar un cuadro con la imagen del santo arriba de la puerta de entrada (por dentro) de la peluquería.

Perfumeros: Santa María Magdalena

Se le ofrenda un altar con dos velas aromáticas y un florero con flores de lavanda.

Periodistas: San Francisco de Sales

Rezar su oración y ofrendarle dos velas color verde los jueves.

Pescadores: San Andrés

Mantener en la casa una imagen del santo y portar su oración siempre que estén laborando.

Pintores: San Lucas

Pintar un retrato del santo y colocarlo en su taller.

Pirotécnicos: Santa Bárbara

Ofrendarle un altar con flores rojas y manzanas rojas.

Plomeros: San Vicente Ferrer

Rezarle una novena durante los últimos nueve días del mes.

Poetas: San Juan de la Cruz

Hacer un poema en su honor y publicarlo en la Internet.

Policías: San Jorge

Portar siempre en la billetera, la estampita y la oración del santo.

Políticos: Santo Tomás Moro

Rezarle una novena los primeros nueve días del mes.

Porteros: Santo Niño de Atocha
Portar en la billetera la estampita del santo.

Predicadores: San Juan Evangelista
Rezar su oración a diario y leer el Apocalipsis.

Preparadores de impuestos: San Mateo
Mantener en el escritorio la estampita del santo.

Procuradores: San Matías
Tener en casa una imagen del santo.

Profesores: Santa Catalina de Alejandría
Ofrendarle un altar con flores blancas y rojas.

Profesores de idiomas: San Marcos
Traducir la oración a otros dos idiomas y rezarle las tres oraciones todos los miércoles.

Programador de computadores: Santa Clara
Portar consigo una estampita de la santa.

Psicólogos: Santa Dympna
Rezar la oración de la santa todas las mañanas.

Psiquiatras: Santa Dympna
Tener una imagen de la santa en la casa y en el consultorio.

Psíquicos: Santa Bárbara

Prepararle un altar con cuatro velas rojas y seis manzanas frescas. Cambiar las frutas cada semana.

R

Relojeros: San Pedro

Tener una imagen del santo en su sitio de trabajo.

Recaudadores de impuestos: San Mateo

Rezar su oración todas las tardes.

Restauranteros: San Lorenzo

Prepare un altar con flores amarillas y dos velas color violeta.

S

Sacerdotes: San Juan María Vianey

Encomendar su misión al santo diariamente.

Sacristanes: San Guido

Rezar su oración todas las noches antes de irse a dormir.

Sastres: San Matías

Colocar un cuadro con su imagen sobre la puerta de entrada a la casa y ofrendarle una vela color verde todos los lunes.

Secretarias: San Marcos

Mantener en su escritorio la estampita del santo.

Sobrecargos: San Cristóbal

Portar su estampa y rezar oración antes y después de cada vuelo.

Sociólogos: San Martín de Porres

Llevarle flores blancas a la iglesia.

Soldados: San Jorge

Portar su oración en la billetera.

T

Tapiceros: San Sebastián

Mantener un altar con su imagen y una vela azul encendida todo el tiempo.

Taxistas: San Cristóbal

Portar en el taxi la estampa del santo y rezar su oración antes de iniciar labores.

Tejedores: San Francisco de Asís

Se le reza una novena cada tres semanas.

Tele-comunicadores: San Gabriel

Portar en la billetera la oración del Arcángel.

Teólogos: San Agustín

Tener su imagen en la casa y ofrendarle una vela a diario.

Tintoreros: San Juan Diego

Ofrendarle una veladora una vez a la semana.

Traductores: San Jerónimo

Rezar su oración en español, después traducirla y rezarla en inglés, todos los miércoles.

Trabajadores en construcción: San Eloy

Sacarle seis fotocopias a su oración y repartirla entre sus amigos y conocidos. Hacerlo una vez al mes.

Trabajadores domésticos: Santa Zita

Rezar su oración todas las noches antes de dormir.

Trabajadores en fundaciones: San Pedro

Portar siempre consigo la oración del santo.

Trabajadores en metalurgia: San Eloy

Rezar su oración los días miércoles.

Trabajadores en molinos: Santa Rita

Ofrendarle tres velas rojas todos los martes.

Trabajadores en muelles: San Nicolás

Un puñado de azúcar se lanza al mar y después se reza la oración a la Virgen de Regla, seguida por la oración a San Nicolás.

Trabajadores en manualidades: Santa Clara

Ofrendarle una vela blanca y rezar su oración todos los lunes.

Trabajadores sociales: San Francisco de Sales

Ofrendarle un altar con flores blancas y amarillas.

V

Vendedores: Santo Niño de Atocha

Siempre portar una estampita con la imagen y la oración. También portar otra con la imagen del Divino Niño.

Veterinarios: San Eloy y San Francisco de Asís

Rezar las oraciones todos los jueves.

Viajeros: San Cristóbal

Portar siempre la estampa y oración del santo en el auto.

Vinicultores: San Vicente Ferrer

Prepararle un altar con velas rojas y uvas frescas, las cuales se cambiarán periódicamente.

Visitador médico: San Juan de Dios

Rezar su oración, seguida por la oración de San Cristóbal, hacerlo todas las mañanas.

Violinistas: Santa Cecilia

Portar una estampita de la santa durante cada concierto.

Z

Zapateros: San Crispín

Hacerle un altar y ofrendarle a diario una vela color violeta.

CAPÍTULO V

SANTOS PARA LA SALUD

Un cristiano fiel, iluminado por los rayos de la gracia al igual que un cristal, deberá iluminar a los demás con sus palabras y acciones, con la luz del buen ejemplo.
—San Antonio de Padua.

Unas de las peticiones más frecuentes hechas a los santos, tienen que ver con la salud. Por lo tanto, la iglesia desde hace más de un siglo, proclamó una lista con los santos que han tenido bajo su potestad la curación de cualquier mal o enfermedad. En este caso los "santos" juegan un papel de auxiliadores para los creyentes. Esta designación particular se ha determinado por medio de la tradición que ha sobrevivido de generación en generación, por legítima devoción ordenada por la iglesia y también por los milagros obtenidos por medio de la veneración a los santos.

Desde muy pequeño, recuerdo haber escuchado decir que "San Judas Tadeo, es el patrón de los casos desesperados". En efecto es así, a tal punto que se le ha designado junto a Santa Rita de Cascia (patrona de los casos imposibles), como los Santos Auxiliadores para aquellos que padecen del SIDA.

Se han obrado tantos milagros y curaciones por medio de la fe y quisiera dar testimonio de una anécdota "Guadalupana" de la cual yo fui testigo.

Comenzaremos nuestra historia con una de mis vecinas, Angie. Ella vivía ilusionada con el día de su matrimonio para el cual faltaban seis meses. La rueda de la fortuna giraba en su favor. Contaba con un trabajo de buen nivel en una empresa de telecomunicaciones y gozaba del amor de su familia.

Todas las tardes platicábamos en persona, por teléfono o a través del computador por lo menos 20 ó 30 minutos. Nos habíamos hecho amigos desde hace tres años porque a ella le interesaba hablar español y en mí había surgido la necesidad de aprender a defenderme en su idioma, el Tagaloc (lengua que contiene un treinta y tres por ciento de español). Así creció nuestra amistad. En esos días esperábamos pasar juntas la celebración del día de la Independencia de los Estados Unidos.

Era 4 de julio, revisé mi correo electrónico, esperé pacientemente que me llamara o que contestara el último mensaje que le había enviado. Durante cuatro días faltó a nuestra cita diaria. Le llamé, escuche su voz un tanto quebrada, y decidí ir a su casa a ver qué estaba sucediendo. Cuando llegué, su madre me dijo en tagaloc: "Angie saket",

Angie está indispuesta, enferma y quizá no podría verme en ese momento. Cuando Angie escuchó mi voz, pidió que entrara a su habitación.

Al entrar, de inmediato noté algo mal en su rostro, estaba pálida, triste, con un aura melancólica. Rompió en llanto, y dijo que había sido diagnosticada con la misma enfermedad que le arrebató la vida a la cantante colombiana Soraya (cáncer de seno). Según el diagnóstico, el tumor crecía con rapidez. Su semblante era sombrío, como si toda su alegría de vivir se hubiera vuelto añicos.

Me marché consternado pensando en qué podría hacer para ayudarla. Pasaron más de tres semanas. Angie se negaba a verme, no quería ver ni hablar con nadie.

En uno de esos días me llamó pidiéndome que fuera a verla: "Kaibígan Mario, jalika dito bajai co, paké". La enfermedad avanzaba, era urgente una intervención y tratamiento con quimioterapia.

De momento, brilló una imagen resplandeciente en mi mente. Sin pensarlo, comencé a hablarle a Angie de la Virgen, de Nuestra Señora de Guadalupe, y los milagros que ha obrado alrededor del mundo.

Al principio ella divagaba al escuchar mis relatos; era comprensible. Aún siendo hija de padres filipinos católicos, había adoptado el judaísmo.

Seguí insistiendo, pero no había manera de hacer que al menos meditara en el asunto. Un día se vio tan desesperada, que llegó a mi puerta y pidió que le ayudara. Me solicitó que le relatara más sobre esa "Virgen Milagrosa" de la cual tantas veces le había hablado. Puse a su disposición algunas publicaciones que tenía a la mano, y de una manera resumida le expliqué en un par de horas los cimientos de mi fe.

Le llevó una semana completa leer el material que le había dado, y nueve días más tarde me dijo que se entregaría totalmente a la fe en la Madre de Dios. La noche anterior había encomendado su vida a la "Virgen de Guadalupe". En aquel momento sentí que la luz resplandeciente volvía a brillar, esta vez en el aura de ella. ¡Angie creía en los milagros!

La semana siguiente llegó a despedirse porque iba a descansar a Lake Tahoe, en California. Días antes, había perdido su empleo y su novio había desaparecido casi por completo de su vida desde el día que ella le confesó lo de su enfermedad.

Angie a la deriva

Antes de emprender su viaje, recuerdo textualmente que había hecho una promesa muy grande y que la cumpliría yendo al Santuario de la Virgen, a la Basílica.

Ya era día de Santa Lucía, el 13 de diciembre, y desde agosto, no había noticias de Angie. Incluso su madre había perdido contacto con ella, sólo recibía correos electrónicos: "Estoy bien. Punto". Esa noche a eso de las 11:00, escuché sonrisas en la puerta de mi casa. Era Angie, mi "mabúti kaibígan".

Lucía radiante, era la misma "maganda babai" que había conocido tres años atrás en el Carnaval de Brasil, en San Francisco. Estaba totalmente recuperada, su familia, los médicos, todos estaban asombrados. Se veía muy feliz, hermosa y rejuvenecida.

Cuando comenzamos a platicar, dijo que había visitado el santuario de la "Virgen Morena" en la ciudad de México, y que ahora, después de haber estado alejada y ausente de la fe Mariana, se había convertido en la fiel más ferviente.

Los caminos que manda el *Eterno* son insospechables. Lo que le sucedió a Angie había ocurrido por una razón; había vuelto a su fe.

Ahora es ella quien me habla con frecuencia de la "Virgen de Guadalupe", y el 12 de diciembre es la fecha del año más importante en su agenda.

Historia con final feliz, y así ha ocurrido con muchos fieles que han creído y pedido con entera devoción. Los santos han obrado millares de milagros. Han salvado vidas.

Cuando necesite un favor divino, récele a la virgen e investigue cuál es el santo indicado para hacer una petición y cumplir una promesa. Puede pedirle también al santo de su devoción. El milagro llega cuando se ruega al cielo con mucha fe.

Si solicita la intercesión de un santo, recuerde que será justo y necesario ofrecer una promesa, rezo u ofrenda. La promesa podría consistir desde integrar una peregrinación o llevar flores a un santuario, hasta perdonar el mal que otro ser humano le haya causado. Usted tomará la decisión. Hágalo haciendo uso de sus más puros sentimientos, convencido que en su vida se obrará un prodigio divino.

A continuación encontrará una lista con los padecimientos y enfermedades más comunes y el santo que asiste en la curación.

A

Acné: San Roque
Se le ofrenda una vela blanca todos los días.

Alcoholismo: San Alejo
Rezar su oración dos veces al día, por la mañana y por la noche.

Alergias: Santo Tomás de Aquino
Se le ofrenda un altar con flores blancas.

Alopecia: San Cayetano
Se le ofrenda una vela azul los martes y viernes.

Alta y baja presión arterial: Santa Bárbara
Ofrendarle una vela roja todos los martes y viernes.

Amnesia: Santa Dympna
Se reza la oración tres veces diarias.

Anemia: Santa Bárbara
Se le ofrenda una vela roja todos los viernes.

Anorexia: Santa Zita
Portar siempre consigo una estampa de la santa.

Ansiedad: Santa Dympna
Se reza su oración y se le ofrenda una vela color rosa, todos los días.

Apendicitis: San Lázaro
Se le ofrendan dos veladoras amarillas en día lunes.

Artero esclerosis: Santa Inés
Se reza su oración durante 81 días consecutivos.

Artritis: San Pedro
Se reza diariamente su oración, acompañada por dos Padre Nuestros y tres Ave Marías.

Asma: Santa Bernardita
Rezar su oración al mediodía durante nueve viernes consecutivos.

Atrofia muscular: Santa Tecla
Rezarle una novena los últimos nueve días del mes.

Autismo: San Antonio de Padua
Llevarle flores a la iglesia todos los domingos.

B

Bronconeumonía: San José
Se le ofrendan tres velas blancas diariamente.

Bronquitis: San José
Ofrendarle un altar con flores y veladoras amarillas.

Bulimia: Santa Zita
Rezar a la santa al despertar y antes de irse a dormir.

C

Calambres: Santa Mónica

Ofrendarle una veladora color violeta los martes y jueves.

Cáncer: Santa Rita de Cascia

Se reza diariamente el Santo Rosario. Al final se reza la oración a la santa, a quien se le ofrenda diariamente una vela color violeta, se le hace una promesa, y deberá ser cumplida total y puntualmente.

Calvicie: San Francisco de Asís

Se le prepara un altar con una vela amarilla y un florero con ramas de romero.

Ceguera: Santa Lucía

Llevarle flores a la iglesia todos los viernes y rezar su oración a diario.

Cirrosis: Santa Úrsula

Ofrendarle un altar con una vela color rosa, un rosario cristalino y un florero con arena de mar.

Cólico: Santa Úrsula

Se le ofrenda periódicamente un florero con hojas frescas de hierbabuena.

Convulsiones: San Juan Bautista

Tres personas deberán rezar la oración del santo tres veces en voz alta, frente a la persona enferma. Se hace todos los días por treinta días.

Curaciones delicadas: San Juan de Dios

Rezar su oración todas las noches por 40 días consecutivos.

D

Demencia: San Matías

Tres personas relacionadas con el enfermo deberán rezar juntas el Santo Rosario y la oración al santo durante catorce días consecutivos.

Dengue: San Pablo

Se le ofrenda un altar con cuatro veladoras, dos blancas y dos azules.

Desbalance emocional: Santa Dympna

Ofrezca una vela color rosa, quemar incienso de iglesia y rezar su oración, seguida por tres Ave Marías. Hacerlo a diario.

Desórdenes alimenticios: Santa Ana

Rezar su oración tres veces al día.

Desórdenes en las glándulas: Santa Ana

Rezar su oración todas las mañanas al despertar.

Desórdenes nerviosos: Santa Rosa de Lima

Hacerle una novena durante treinta y seis días.

Desórdenes sanguíneos: Santa Bárbara

Se le ofrenda una vela roja diariamente y se reza su oración dos veces en la mañana y dos veces antes de irse a dormir.

Depresión y depresión post-parto: Santa Dympna

Todas las noches se rezan dos misterios del rosario, se ofrenda una vela blanca aromática y se reza tres veces la oración a la santa.

Diabetes: Santa Bárbara

Ofrendarle un altar con frutas frescas como manzanas, cerezas y uvas rojas. Las frutas deben cambiarse dos veces a la semana.

Disentería: San Cipriano

Se le prepara un altar con una docena de flores de diferentes colores y se ofrendan tres velas color violeta.

Dislepsia: Santa Lucía

Se le ofrenda tres velas color naranja todos los días.

Dolor de cabeza: Santo Domingo de Guzmán

Rezar su oración antes y después de tomar el medicamento correspondiente.

Dolor de estómago: Santa Ana

Se le ofrenda en un altar, dos velas blancas y una taza con te de hierbabuena.

Dolor en la garganta: San Blas

Antes y después de tomar medicamento, se reza la oración del santo.

Dolor de muelas: Santa Genoveva

Ofrendarle una veladora blanca y rezar su oración cuatro veces.

Dolor de parto: Santa Ana

Hacerle una novena antes de la fecha del parto.

Drogadicción: San Alejo

Se le ofrenda una veladora en su honor durante veintiún martes consecutivos.

E

Eczema: San Roque

Prepararle un altar y ofrendarle dos panes frescos todas las mañanas.

Embarazo riesgoso: Santa Margarita

Rezarle una novena durante veintisiete días consecutivos.

Endurecimiento de las arterias: San Rafael Arcángel

Portar una medallita del santo durante seis meses.

Enfermedades bucales: Santa Isabel

Rezar su oración mientras se rocía agua bendita en los rincones de la habitación.

Enfermedades congénitas: Santa Ana

Se le llevan flores blancas a la iglesia una vez a la semana.

Enfermedades contagiosas: San Luís Beltrán

Se le ofrenda diariamente una vela roja y se reza su oración antes de tomar los alimentos.

Enfermedades del corazón: San Judas Tadeo

Hacerle una novena durante noventa días consecutivos:

Enfermedades desconocidas: San Juan Bautista

Se rezan tres rosarios seguidos por su oración. Hacerlo durante siete domingos consecutivos.

Enfermedades deshabilitantes: San Cosme y San Damián

Hacerles un altar con dos velas blancas, un florero con claveles, incienso de sándalo y cuatro naranjas.

Enfermedades endémicas: San Pedro

Se reza su oración todas las tardes, seguida por dos Padre Nuestros.

Enfermedades epidémicas: San Lázaro

A la imagen del santo se le fabrica una capa con manta blanca y se mantienen dos velas encendidas en su honor, una amarilla y una color violeta.

Enfermedades estomacales: San Patricio

Ofrendarle dos velas color verde con su imagen todos los días durante dos semanas.

Enfermedades genitales: Santa Rita

Portar consigo una medalla con la imagen de la santa.

Enfermedades de los huesos: Virgen del Carmen

Colgarse el escapulario de la virgen durante nueve meses.

Enfermedades incurables: San Judas Tadeo

Rece su oración diariamente durante ochenta y un días, se le prepara un altar con cuatro velas verdes y una de color amarillo. Y cada día lunes se le llevarán flores blancas a la iglesia.

Enfermedades intestinales: San Juan Evangelista

Rezar su oración tres veces al día.

Enfermedades metabólicas: Santa Isabel

Rezar su oración dos veces al despertar, antecedidas por la oración a San Camilo de Lelis.

Enfermedades de la piel: San Roque

Se le prepara un altar con tres velas blancas y un plato con trozos de pan cortados en cuadros.

Enfermedades de las piernas: San Jorge

Los días miércoles, frotarse las piernas con agua bendita mientras se reza la oración del santo y tres Ave Marías.

Enfermedades de la presión: Santa Bárbara

Ofrendarle una vela roja todas las tardes.

Enfermedades de los riñones: San Camilo de Lelis

Rezar su oración todas las mañanas y por las noches ofrendarle una vela roja.

Enfermedades de transmisión sexual: San Lázaro

Abstinencia y rezarle diariamente su oración durante cuarenta días.

Enfermedades del sueño: Santa Dympna

Dos horas antes de dormir, se reza la oración a la santa y se quema una varita de incienso.

Enfermedades de la tiroides: Santa Ana

Hágale un altar con flores blancas y dos velas amarillas.

Enfermedades respiratorias: San Francisco de Asís

Rezarle una novena comenzando en día lunes.

Enfermedades de la vista: Santa Lucía

Se reza el rosario completo y su oración todas las noches y los domingos llevarle margaritas blancas a la iglesia.

Enfisema: Santa Eduviges

Cada mañana al despertar, hincarse, rezar dos Padre Nuestros y la oración a la santa. Hacerlo durante noventa y un días seguidos. En el último día, rece el Salmo 23.

Envenenamiento: San Benito

Se le ofrendan catorce velas blancas y se reza su oración catorce veces.

Epilepsia: San Valentín

Ofrendarle una vela color rosa todas las noches y rezar su oración en voz alta.

Escorbuto: Santa Mónica

Ofrendarle cuatro velas rojas, darse un enjuague con agua de hierbabuena y rezar nueve veces la oración de la santa.

Esquizofrenia: Santo Tomás Apóstol

Encender tres veladoras blancas y rezar la oración del santo por nueve días.

Esterilidad: Santa Isabel

Ofrendarle diariamente una vela roja durante cincuenta días consecutivos.

F

Fiebre: Santa Genoveva

Se le ofrendan tres veladoras amarillas los lunes y miércoles.

Fiebre contagiosa: San Cristóbal

Quemar incienso de iglesia y ofrendar una vela azul, pidiendo al santo con devoción.

Fiebre tifoidea: San Cosme y San Damián

Ofrendar durante siete días consecutivos, una vela blanca y una roja.

Fracturas: San Esteban

Portar una medalla con la imagen del santo.

G

Gota: San Camilo de Lelis
Se le reza una novena durante los últimos nueve días y los primeros nueve días del mes.

Gripe: Santa Ana
Rezar la oración a la santa mientras se enciende una vela color rosa y se ofrendan rosas o flores. Se hace por tres días consecutivos.

H

Hemorragia: Santa Bárbara
Se mantiene encendida una vela roja perennemente.

Heridas graves: Santo Domingo Sabio
Se reza su oración tres veces diarias durante cuarenta días consecutivos.

Heridas que no sanan: El Divino Niño
Se prepara un altar con la imagen del Divino Niño, se adorna con flores y golosinas, se ofrendan dos velas blancas, y se reza su oración tres veces al día.

Hernia: Santa Genoveva
Se quema incienso de rosas junto a una veladora color rosa y se reza su oración en la mañana y en la noche por una semana.

Herpes: San Expedito

Ofrendarle seis velas rojas durante nueve martes.

Hipertensión: Santa Úrsula

Encender tres veladoras azules grandes y pedir a la santa con mucho fervor cada mañana por el número de días que tarden las velas en consumirse.

Hipotermia: San Andrés

Ofrendar incienso de jazmín y una vela color café mientras se recita la oración al santo.

Huesos rotos: Santo Domingo de Guzmán

Durante siete martes se reza el salmo 18, se ofrendan tres velas blancas, una roja y una azul. Y se reza la oración del santo todas las noches.

I

Infecciones: San Luís Gonzaga

Rezar todas las mañanas su oración seguida por la oración a San Lázaro.

Inflamaciones: San Luís Rey

Se ofrendan en nombre del santo, nueve velas de diferente color, durante nueve días.

Insomnio: San Pascual Bailón

Se recomienda mantener una imagen del santo cerca de la cama.

Intoxicación con alcohol o drogas: San Alejo

En estos casos se reza un Padre Nuestro, un Ave María y la oración a San Alejo.

Invalidez: San Roque

Se rezan nueve novenas seguidas, y todos los lunes se ofrendan nueve velas blancas.

L

Lepra: San Lázaro

Se mantiene un altar con la imagen del santo, en el cual se deberá mantener una veladora encendida día y noche.

Leucemia: Santa Bárbara

Rodear la imagen o estampa de la santa con pétalos rojos y quemar incienso de iglesia mientras se encienden dos veladoras rojas y una blanca. Se reza su oración tres veces consecutivas cada tres días.

Locura: Santa Dympna

Colocar una estampita con la imagen de la santa en la habitación de la persona afectada. Se reza la oración al despertar y antes de dormir.

Lumbago: San Juan Diego

Se le ofrendan tres veladoras todos los lunes.

Lupus: San Ramón Nonato

Todos los viernes llevar flores blancas a la iglesia y rezar diariamente la oración del Santo.

Llagas: San Lázaro

Ofrezca dos velas color violeta por ocho días consecutivos.

M

Mal de Parkinson: San Lázaro

Se encienden tres velas amarillas y se reza la oración cinco veces. Hacerlo durante nueve martes consecutivos.

Mal de Alzheimer: San Lázaro

Se reza su oración todos los días y los domingos se lleva flores a la iglesia en honor de la virgen.

Manchas difíciles de quitar: San Roque

Frotar las manchas con agua bendita mientras se reza la oración al santo. Hacerlo dos veces diariamente.

Meningitis: San Francisco Javier

Se ofrenda una vela blanca, se reza la oración al santo mientras se rocía agua bendita en la cabeza del enfermo. Hacerlo por trece días.

Mordida de perro: San Lázaro

Se porta una medalla con la imagen del santo, y durante una semana se rezan dos misterios del rosario, seguidos por la oración al santo.

Mordida de serpiente: San Pablo

Se ofrendan veintiún velas blancas de tamaño pequeño, se quema incienso de copal y se reza la oración del santo cuatro veces al día.

N

Nauseas: San Cristóbal

Se reza la oración del santo, mientras se enjuagan las manos con agua bendita.

Neumonía: Virgen de Fátima

Rezar la oración de la Santa cinco veces diarias con mucha fe y ofrendarle una veladora blanca todos los días.

Niños enfermos: Jesucristo

Rezar el rosario completo durante una semana y ofrendarle tres veladoras con su imagen.

O

Obesidad: Santa Mónica

Siempre que se inicia una dieta o rutina de ejercicios, se reza tres veces en voz alta su oración.

Obsesión con espíritus: San Expedito

Tener una imagen del santo, ofrendarle dos velas rojas y quemar incienso de iglesia. Hacerlo periódicamente.

P

Pacientes graves: San Juan de Dios
Entre dos o más personas se reza la oración al santo y tres misterios del rosario.

Paludismo: San Antonio Padua
Ofrendarle tres velas color café por nueve días consecutivos.

Pánico: San Martín Caballero
Ofrendarle dos velas rojas los martes y los viernes. Y se porta su estampita en la billetera.

Paperas: San Blas
Se reza diariamente la oración a San Blas por la mañana, la oración a San Juan de Dios por la tarde y la oración a la Virgen de la Merced por la noche.

Parálisis: Virgen de Lourdes
Se le hace un altar a la Virgen y cada tres días se le ofrendan flores blancas.

Parálisis cerebral: Santa Clara de Asís
Se reparten cincuenta copias de la oración a la Santa y se reza el rosario los martes y domingos.

Parásitos: San Vicente de Paúl
Se rezan cuatro novenas al santo, en las cuales se incluirá diariamente la oración a San Miguel Arcángel.

Pérdida del apetito: Santa Ana

Ofrendarle un altar con flores blancas y un té de manzanilla, el que ha de cambiarse dos veces al día.

Pérdida de la vista: Santa Lucía

Hacerle una promesa, llevarle flores a la iglesia los viernes y rezar su oración tres veces al día, durante cuarenta días consecutivos.

Pesadillas constantes: Santa Martha

Rezar tres veces la oración de la santa, antes de ir a dormir.

Picadura de insectos: San Marcos

Rezar la oración del santo, mientras se aplica una pomada o medicamento.

Piel reseca: San Roque

Se pasa por el área afectada una rosa blanca y se reza la oración al santo, tres veces.

Poliomielitis: San Alejo

Rezar su oración durante cincuenta noches consecutivas.

Próstata: San Ignacio de Loyola

Rezarle una novena los últimos nueve días del mes, hacerlo durante tres meses consecutivos.

Posesión de espíritus: Santa Martha

Rezarle una novena durante trece martes consecutivos.

Q

Quemaduras: Santa Juana de Arco

Rece su oración cada vez que le hagan curaciones o cada vez que se aplique una crema o medicamento en el área afectada.

R

Rabia: San Ignacio de Loyola

Darse un enjuague con agua bendita, rezar tres veces la oración del santo y ofrendar tres velas color café.

Resfriados constantes: San Martín de Porres

Portar consigo el escapulario del santo.

Retardo mental: Santa María Goretti

Prepararle un altar, el que siempre se mantendrá con flores frescas y una copa con agua bendita.

Reumatismo: San Vicente de Paúl

Rezar su oración todas las noches y portar consigo un escapulario de la Virgen del Carmen.

Rinitis: San Miguel Arcángel

Ofrendarle una veladora todos los martes.

S

Senilidad: Santa Teresa de Calcuta
Ofrendarle dos velas todas las noches, una blanca y una azul.

SIDA: San Judas Tadeo y Santa Rita
Se hace una promesa la que debe ser cumplida. Durante seis meses consecutivos, se reza por la mañana la oración a San judas y por la noche la oración a Santa Rita. Al cabo de los seis meses, se realiza una peregrinación a un Santuario de la Virgen María.

Síndrome de Down: San Cayetano
Se le reza la oración pidiendo por la persona afectada durante ciento ochenta días seguidos.

Sinusitis: Santa Teresita del Niño Jesús
Hacerle un altar a la santa y diariamente ofrendar una vela amarilla.

T

Torceduras: Santa Teresa de Calcuta
Todas las noches se reza su oración y se pide para que la Beata Madre Teresa, sea declarada santa.

Tos: Santa Cecilia
Ofrendarle todas las mañanas una vela azul y una copa con agua de manzanilla.

Tos ferina: San Juan Diego

Ofrendarle todas las noches una vela aromática, rezar su oración y portar consigo una estampita con su imagen.

Trasplante de órganos: San Juan de Dios

Durante tres domingos consecutivos se llevan flores blancas a la iglesia y antes de entrar y al salir se reza la oración del santo.

Tuberculosis: San Felipe Neri

Se realiza una penitencia durante cuarenta días. Durante los mismos, se rezará la oración al santo tres veces por la noche y los domingos se ofrendan nueve velas blancas.

Tumores benignos: Santo Domingo Sabio

Se reza a diario la oración del santo, seguida por el Salmo 91.

Tumores malignos: San Expedito

Diariamente se ofrenda una vela roja, una copa con agua bendita y se reza su oración tres veces al día.

U

Úlceras: San Lázaro

Una veladora con la imagen del santo, se mantiene encendida perennemente hasta que las úlceras desaparezcan.

Uremia: Santa Rosa de Lima

Se hace una promesa a la santa, y se reza su oración durante noventa días seguidos.

V

Varicela: San Lázaro

Mantener un altar con su imagen, se le ofrendan periódicamente flores rojas y blancas. También se mantiene encendida una vela amarilla durante seis horas diarias.

Viruela: San Lázaro

Ofrendarle una vela amarilla y una violeta todas las noches.

Virus del Ántrax: Virgen de Guadalupe

Llevarle un ramo de flores a la iglesia durante cuatro domingos consecutivos.

Virus del Nilo: San Andrés

Portar siempre consigo una estampita con la imagen y oración del santo.

Z

Zozobra: San Juan de Dios

Todas las noches rezar su oración seguida por el Salmo 23.

CAPÍTULO VI

SANTOS PATRONOS

No podemos obrar el bien, sin antes haber dejado el mal.
—San Agustín

La mayoría de ciudades y naciones en el mundo cuentan con santos patronos que guían e iluminan con infinita pureza el camino de sus fieles devotos. Por tal motivo se recomienda tener presente en nuestras oraciones al santo patrono de la tierra que nos vio nacer, el divino espíritu de luz que envolverá de energía pura y resplandeciente el candor de todos nuestros rezos.

Llenas de espiritualidad e inquebrantable fe, se llevan a cabo las festividades religiosas dedicadas a los santos patronos alrededor del mundo. Entre las más destacadas podemos mencionar la de Santiago Apóstol, el 25 de julio, fecha en la que toda España rinde tributo a su santo patrón. En México, el 12 de diciembre, día de La Virgen de Guadalupe, es un gran acontecimiento que rebasa las fronteras nacionales, ya que feligreses de otros países llegan a la Basílica de Guadalupe, haciendo largas travesías en las tan célebres y concurridas "Peregrinaciones Guadalupanas".

Irlanda celebra con gran devoción el 17 de marzo día de San Patricio, su santo patrón, lo mismo sucede en Portugal cuando se conmemora el día de la Inmaculada Concepción, el 8 de diciembre. En todos los rincones de la tierra la fe sigue latiendo con fuerza en el corazón de los creyentes, como ocurre en Filipinas con la celebración a la Virgen de Fátima, que atrae millones de creyentes de todas las regiones del país, y la veneración a la Virgen de Lourdes, en las Islas Marianas y otras islas de la Micronesia, la que se ha venido llevando a cabo religiosamente año con año desde hace más de tres siglos.

Ya sea en América, Europa o en cualquier otro continente, la devoción a los santos patronos, se ha convertido a través de los siglos en un dogma inalterable.

Una gran cantidad de ciudades se fundaron en el nombre de los santos: San Francisco y San José en California; San José, Costa Rica; Santa Fe de Bogotá, Colombia; San Juan, Puerto Rico y San Sebastián de Río de Janeiro y São Paulo, en Brasil.

Existen países que han tomado por nombre el de un santo o advocación, como es el caso de la República de El Salvador, en América Central, que tomó su nombre en honor y gracia a "Jesucristo, El Salvador del mundo".

También La Serenísima República de San Marino, en Europa, lleva su nombre en honor a San Marino. Muchos pueblos, villas, ciudades y naciones han sido consagrados a un santo patrón desde su fundación, descubrimiento o conquista.

A continuación se presenta una lista de las naciones que rinden mayor tributo y honor a su santo patrón, con su respectiva fecha de celebración.

Patronos de América

Argentina
Nuestra Señora de Luján: 8 de mayo

Belice
San Pedro: 29 de junio

Bolivia
Virgen de Copacabana: 5 de agosto

Brasil
Nuestra Señora Aparecida: 12 de octubre

Canadá
Señora Santa Ana: 26 de julio

Chile
Santiago Apóstol: 25 de julio

Colombia
Nuestra Señora de Chiquinquirá: 9 de julio

Costa Rica
Nuestra Señora de los Ángeles: 2 de agosto

Cuba
Virgen de la Caridad del Cobre: 8 de septiembre

Ecuador

Virgen de las Mercedes: 24 de septiembre

El Salvador

El Divino Salvador del Mundo: 6 de agosto

Estados Unidos

Virgen de la Inmaculada Concepción: 8 de diciembre

Guatemala

Virgen de la Asunción: 15 de agosto

Haití

Virgen del Perpetuo Socorro: 27 de junio

Honduras

Nuestra Señora de Suyapa: 3 de febrero

México

Virgen de Guadalupe: 12 de diciembre

Nicaragua

Virgen de la Purísima Concepción: 8 de diciembre

Panamá

Virgen del Carmen: 16 de julio

Paraguay

Nuestra Señora de los Milagros de Cacupé: 8 de diciembre

Perú

Santa Rosa de Lima: 23 de agosto

Puerto Rico
Virgen de la Providencia: 19 de noviembre

República Dominicana
Nuestra Señora de Altagracia: 21 de enero

Uruguay
Virgen de los 33 Orientales: 19 de abril

Venezuela
Virgen de Coromoto de los Cospes: 8 de septiembre

Patronos de Europa
Alemania
San Miguel Arcángel: 29 de septiembre

Andorra
Santa Brígida de Irlanda: 1º de febrero

Austria
San Florián: 14 de diciembre

Bélgica
San José: 19 de marzo

Ciudad del Vaticano
San Pedro: 29 de junio

Dinamarca
San Canuto: 19 de enero

Escocia
Santa Margarita: 16 de junio

Eslovaquia
Niño Jesús de Praga: 25 de diciembre

España
Santiago Apóstol: 25 de julio

Francia
Santa Juana de Arco: 30 de mayo

Grecia
San Basilio y San Gregorio: 2 de enero

Holanda
San Wilibrordo: 29 de enero

Hungría
San Esteban: 2 de septiembre

Inglaterra
San Jorge: 23 de abril

Irlanda
San Patricio: 17 de marzo

Italia
Santa Catalina de Sena: 29 de abril

Lituania
San Casimiro: 4 de marzo

Luxemburgo
San Pedro de Luxemburgo: 5 de julio

Malta
San Valentín: 14 de febrero

Mónaco
San Martín Caballero: 11 de noviembre

Noruega
San Olavo: 28 de julio

Polonia
San Estanislao: 13 de agosto

Portugal
Virgen de la Inmaculada Concepción: 8 de diciembre

República Checa
Santa Ludmila: 16 de septiembre

Rumania
San Cirilo: 7 de julio

Rusia
San Andrés: 30 de noviembre

San Marino
San Marino: 4 de septiembre

Suecia
Santa Brígida de Suecia: 23 de julio

Suiza
San Galo: 16 de octubre

Patronos de África

Angola
Virgen de Fátima: 13 de mayo

Camerún
San Martín de Porres: 3 de noviembre

Cabo Verde
San Antonio de Padua: 13 de junio

Congo
San José: 19 de marzo

Guinea Ecuatorial
Santa Genoveva: 3 de enero

Mozambique
Virgen de Fátima: 13 de mayo

Rwanda
San Benito: 11 de julio

Santo Tome y Príncipe
Santo Tomás de Aquino: 28 de enero

Uganda
Virgen del Perpetuo Socorro: 27 de junio

Zaire
San Pablo: 29 de junio

Zambia
María Auxiliadora: 24 de mayo

Patronos de Asia
China
San José: 19 de marzo

Corea
Nuestra Señora de la Gracia: 21 de enero

Filipinas
Virgen de Fátima: 13 de mayo

India
Santo Tomás Apóstol: 3 de julio

Japón
San Pedro Bautista: 29 de junio

Sri Lanka
San Lorenzo: 10 de agosto

Patronos de Oceanía
Australia
San Francisco Javier: 3 de diciembre

Islas Marianas del Norte
Virgen de Lourdes: 11 de febrero

Nueva Guinea
San Lucas: 18 de octubre

Nueva Zelandia
Santa Teresa de Lisieux: 1 de octubre

CAPÍTULO VII

CALENDARIO DE LOS SANTOS

No puede ser un medio santo, tiene que ser todo santo o nada santo.
—Santa Teresita de Lisieux

A cada santo se le celebra en una fecha especial y lleno de solemnidad en el que se le rinde tributo. El día se determina dependiendo la fecha de nacimiento o fallecimiento del santo, la fecha de beatificación o canonización, o la fecha en que se da título a una advocación.

Existen más de cinco mil santos en los libros de la iglesia. Sólo en los últimos años, se han canonizado y beatificado a más de cuatrocientos fieles y mártires alrededor del mundo.

Cada uno de los 365 días del año ha sido consagrado a uno o más santos en particular. La fe de los creyentes no descansa, y cada día del año millones de personas rinden tributo a su santo patrón, a su santo protector o al santo al que fue encomendado en el bautismo (si se es católico).

En décadas y siglos anteriores, se tenía la costumbre de ponerle el nombre del santo que regía ese día a los recién nacidos. Actualmente esa costumbre aún se sigue practicando en diversos países y culturas aunque su práctica ha disminuido un poco.

En América Latina, por ejemplo, son famosas y tradicionales las fiestas patronales en las que toda una ciudad o país festeja y celebra, sin embargo, el verdadero significado de tal conmemoración ha sido designado a los santos patronos.

La mayoría de estos festejos duran alrededor de una semana, durante la cuál se hacen vigilias y una gran cantidad de creyentes visitan el altar del santo. La semana culmina con una solemne procesión por las principales calles de la ciudad, donde los fieles devotos le piden al santo los favores y bendiciones que necesitan.

Se han dado tantas pruebas de fe y han sido tantos los milagros que han obrado los santos, que hasta la fecha, estas tradiciones no han decaído.

Cuando desee obtener un favor de un santo en especial, identifíquelo con la santa o santo en quien usted crea o le inspire verdadera fe. Luego determine en su calendario la fecha del aniversario de la conmemoración sin importar cuando se realice. Lo importante es que se prepare para esa fecha, que medite en el favor divino que quiere que se le conceda y que piense con detenimiento cuál es la promesa o sacrificio que le ofrecerá.

Muchos fieles han dado testimonios de favores y milagros hechos por los santos. En dichos testimonios se ha podido constatar que las promesas juegan un papel preponderante. No necesita ofrecer cosas lujosas ni costosas. Lo santos prefieren que cada ser humano haga el bien a sus hermanos.

Ejemplos de promesas ofrecidas a los santos pueden ser como dejar un vicio o un hábito perjudicial, auxiliar a un desamparado, hacer una obra de caridad, asistir con fe a una procesión, ayudar a un enfermo, integrar una peregrinación o lo que usted y su corazón consideren más adecuado.

Enero

1– Solemnidad de la Virgen María

2– San Gregorio Nacianceno

3– Santa Genoveva

4– San Gregorio

5– San Simeón Estilita

6– Santos Reyes

7– San Raimundo de Peñafort

8– San Apolilar

9– San Adrián de Canterbury

10– Beata María Dolores Rodríguez

11– San Paulino

12– San Arcadio Mártir

13– San Hilario

14– San Félix de Nola

15– Cristo Negro de Esquipulas

16– San Marcelo

17– San Antonio Abad

18– San Leobardo

19– San Canuto

20– San Sebastián
21– Santa Inés
22– San Vicente de Zaragoza
23– San Ildefonso
24– San Francisco de Sales
25– Santa Elvira
26– San Timoteo
27– Santa Ángela de Mericci
28– Santo Tomás de Aquino
29– San Wilibrordo
30– Santa Martina
31– San Juan Bosco

Febrero

1– Santa Brígida de Irlanda
2– Virgen de la Candelaria
3– San Blas
4– Santa Verónica
5– Santa Águeda
6– Santa Dorotea
7– San Tobías
8– San Jerónimo Emiliani
9– Santa Apolonia
10– Santa Escolástica
11– Virgen de Lourdes
12– Santa Maura
13– Santa Catarina de Ricci
14– San Valentín
15– Santa Claudia
16– San Onésimo
17– San Teódulo

18– San Simeón
19– San Conrado de Piacenza
20– San Tiranio
21– San Pedro Damián
22– San Matusalén
23– San Policarpo
24– San Etelberto de Kent
25– San Sebastián de Aparicio
26– San Nestor
27– San Leandro
28– Beato Antonio de Florencia.

En los años bisiestos el día 29 de febrero se celebra a San Dositeo.

Marzo

1– San Albino
2– San Carlos el Bueno
3– Santa Catalina Drexel
4– San Casimiro de Polonia
5– Santa Juana de la Cruz
6– Santa María de la Providencia
7– Santa Perpetua
8– San Juan de Dios
9– Santo Domingo Sabio
10– San Macario
11– San Eulalio
12– Beato Orione Luigi
13– San Rodrigo
14– Santa Matilde
15– Santa Luisa de Marillac
16– San Clemente Hofbauer

17– San Patricio
18– San Cirilo
19– San José
20– San Daniel Profeta
21– Santa Mística
22– San Basilio
23– San Toribio de Mongrovejo
24– Santa Catalina de Suecia
25– San Dimas
26– Santa Margarita
27– San Juan de Egipto
28– San Juan de Capistrano
29– San José de Arimatea
30– San Juan Clímaco
31– San Benjamín

Abril

1– Beato Ludovico Pavoni
2– San Francisco de Paula
3– San Juan de Britto
4– San Isidro de Sevilla
5– San Vicente Ferrer
6– San Marcelino
7– San Juan Bautista de la Salle
8– Santa Julia Billiart
9– Santa María Cleofás
10– San Filiberto
11– San Estanislao
12– San Julio
13– San Martín I
14– Santa Liduvina

15– San Telmo

16– Santa Bernardita

17– Santa Mariana de Jesús

18– San Francisco Solano

19– San Expedito

20– Santa Inés de Montepulciano

21– San Anselmo

22– San Alejandro

23– San Jorge

24– San Fidel de Sigmaringa

25– San Marcos

26– Santa Franca de Piacenza

27– Santa Zita

28– San Pedro Chanel

29– Santa Catalina de Sena

30– Pío V

Mayo

1– San José Obrero

2– San Atanasio

3– Día de la Santa Cruz

4– San Felipe

5– San Ángel Mártir

6– Beato Eduardo Jones

7– Beata madre María de San José

8– San Bonifacio

9– Santa María Mazzarello

10– San Juan de Ávila

11– Francisco de Jerónimo

12– San Pancracio

13– Virgen de Fátima

14– San Matías

15– San Isidro Labrador

16– San Juan Nepomuceno

17– San Pascual Bailón

18– San Juan I

19– San Celestino

20– San Bernardino de Sena

21– Santa Magdalena de Pazzi

22– Santa Rita de Cascia

23– San Juan Bautista Rossi

24– Virgen María Auxiliadora

25– Santa Sofía Barat

26– San Felipe Neri

27– San Agustín de Canterbury

28– San Germán

29– San Maximino

30– Santa Juana de Arco

31– Día de la Bienaventurada Virgen María

Junio

1– San Justino Mártir

2– Santa Marcelina

3– San Carlos Lwanga

4– Día del Pentecostés

5– San Bonifacio

6– San Marcelino Champagnat y San Norberto

7– Santa Ana de Bartolomé

8– San Pacífico de Cerano

9– San Efrén de Siria

10– San Juan Dominicci

11– San Bernabé

12– Santo Domingo Sabio

13– San Antonio de Padua
14– San Basilio Magno
15– San Vito
16– San Francisco Regis
17– San Ismael
18– Santa Juliana de Falconieri
19– San Romualdo
20– San Silverio
21– San Luís Gonzaga
22– Santo Tomás Moro
23– Santa Alicia
24– San Juan Bautista
25– San Jasón
26– San José María Escrivá
27– Virgen del Perpetuo Socorro
28– San Irineo
29– San Pedro y San Pablo
30– San Marcial

Julio

1– Beato Junípero Serra
2– San Bernardino Realino
3– Santo Tomás Apóstol
4– Santa Isabel de Portugal
5– San Antonio Zaccaria
6– Santa María Goretti
7– San Fermín
8– Beato Eugenio III
9– San Nicolás Pieck
10– Santa Verónica Giuliani
11– San Benito

12– Santa Epifanía

13– Santa Teresa de Jesús de los Andes

14– San Camilo de Lelis

15– San Buenaventura

16– Virgen del Carmen

17– San Alejo

18– San Arsenio

19– San Rufino

20– Santa Margarita de Antioquia

21– San Lorenzo de Brindisi

22– Santa María Magdalena

23– Santa Brígida de Suecia

24– Santa Cristina

25– Santiago Apóstol y San Cristóbal

26– Santa Ana y San Joaquín

27– Santa Celestina

28– San Olavo

29– Santa Martha

30– San Pedro Crisologo

31– San Ignacio de Loyola

Agosto

1– San Alfonso de Ligorio

2– Virgen de los Ángeles

3– San Agustín de Lucera

4– San Juan Vianney

5– Santa María de las Nieves

6– Día de la Transfiguración

7– San Cayetano

8– Santo Domingo de Guzmán

9– Santa Edith Stein

10– San Lorenzo

11– Santa Clara de Asís

12– San Carlos Leisner

13– San Estanislao de Kotska

14– San Maximiliano Kolbe

15– Virgen de la Asunción

16– San Roque

17– San Jacinto

18– Santa Elena

19– San Ezequiel Moreno

20– San Bernardo

21– San Pío X

22– Día de Santa María Reina

23– Santa Rosa de Lima

24– San Bartolomé Apóstol

25– San Luís Rey

26– Santa Teresa de Jesús Jornet

27– Santa Mónica

28– San Agustín

29– San Sabino

30– San Pancracio

31– San Ramón Nonato

Septiembre

1– Virgen de los Remedios

2– Santa Ingrid de Suecia

3– San Gregorio el Grande

4– Santa Rosalía

5– Beata Madre Teresa de Calcuta

6– San Leto

7– Virgen de Regla

8– Virgen de la Caridad del Cobre

9– San Pedro Claver

10– San Nicolás de Tolentino

11– San Emiliano

12– Santo nombre de María

13– San Juan Crisóstomo

14– Exaltación de la Santa cruz

15– Virgen de los Dolores

16– San Cipriano

17– San Roberto Bellarmino

18– San José de Cupertino

19– San Genaro

20– San Andrés Kim

21– San Mateo Evangelista

22– San Alfonso de Orozco

23– Santa Tecla

24– Virgen de la Merced

25– San Cleofás

26– San Cosme y San Damián

27– San Vicente de Paúl

28– San Wenceslao

29– Santos Miguel, Gabriel, Rafael y Uriel

30– San Jerónimo

Octubre

1– Santa Teresa del Niño Jesús

2– Día de los Ángeles Custodios

3– San Gerardo de Brogne

4– San Francisco de Asís

5– Santa Flora de Beaube

6– San Bruno

7– Virgen del Rosario

8– Santa Sara

9– San Luís Bertrán

10– San Daniel Comboni

11– Santa María Soledad Torres

12– Virgen del Pilar

13– San Eduardo el Confesor

14– San Calixto I

15– Santa Teresa de Ávila

16– San Gerardo Majella

17– San Ignacio de Antioquía

18– San Lucas Evangelista

19– San Pablo de la Cruz

20– San Hilarión

21– Santa Úrsula

22– Santa María Salomé

23– San Juan de Capistrano

24– Santa Antonio María Claret

25– Santa Engracia

26– San Evaristo

27– San Odrano

28– San Judas Tadeo y San Simón

29– San Narciso

30– San Alfonso Rodríguez

31– San Quintín

Noviembre

1– Día de Todos los Santos
2– Día de los Fieles Difuntos
3– San Martín de Porres
4– San Carlos Borromeo
5– Santa Isabel y San Zacarías
6– San Leonardo
7– Beato Francisco Palau
8– San Adeodato
9– San Benigno
10– San León el Grande
11– San Martín Caballero
12– San Josafat de Lituania
13– San Diego
14– San Serapio
15– San Alberto el Grande
16– Santa Margarita de Escocia
17– Santa Isabel de Hungría
18– San Teodulfo
19– San Odón
20– San Gelasio
21– San Héctor Valdivieso Sáez
22– Santa Cecilia
23– San Clemente I
24– San José Pignatelli
25– Santa Catalina de Alejandría
26– San Leonardo de Puerto Mauricio
27– San Maximino
28– San Santiago de la Marea
29– San Saturnino
30– San Andrés Apóstol

Diciembre

1– San Eloy

2– Santa Bibiana

3– San Francisco Javier

4– Santa Bárbara Bendita

5– San Sabas

6– San Nicolás

7– San Ambrosio

8– Virgen de la Inmaculada Concepción

9– San Juan Diego

10– Virgen de Loreto

11– Santa Leticia

12– Virgen de Guadalupe

13– Santa Lucía

14– San Juan de la Cruz

15– Santa María de la Rosa

16– Santa Adelaida de Borgoña

17– San Lázaro

18– San Modesto

19– San Urbano V

20– Santo Domingo de Silos

21– San Pedro Canisio

22– Santa Francisca Javier Cabrini

23– San Juan de Cantier

24– Santa Paola Elisabetta Ceriolli

25– Natividad de Jesucristo

26– San Esteban

27– San Juan Evangelista

28– Día de los Santos Inocentes

29– Santo Tomás Becket

30– Santa Leonor

31– Día de la Sagrada Familia

APÉNDICE

El Santo Rosario

Nada se anteponga a la dedic–ación de Dios.
—San Benito

Es toda una virtud, orar diariamente para mantener una buena salud espiritual. Con ello se mantiene el contacto directo con los seres divinos, quienes nos guían, bendicen y resguardan en la vida terrenal. El Santo Rosario, constituye una de las maneras más profundas de conectarnos con el Padre, la Madre, el Hijo y el Espíritu Santo.

Mientras se reza el rosario, se experimenta paz interior y un incremento de la fe, que nos elevan a un nivel espiritual superior.

El rosario se reza en ocasiones religiosas especiales, como la fecha de conmemoración de un santo o en la fecha de celebración de una advocación Mariana. También se reza en momentos difíciles. En lo personal recomiendo rezarlo a diario, pidiendo en los cuatro primeros misterios, por el mundo que nos rodea, por la familia, por los amigos, por la paz, por los que sufren, por los enfermos y los necesitados. El quinto misterio se dedica para agradecer por lo que se tiene y para presentar los favores y peticiones que se precisen.

Los misterios del Santo Rosario

Los misterios del rosario se basan en la vida, obra, pasión, crucifixión y resurrección del Maestro Jesús y en parte de la vida de la Virgen María, desde la anunciación del nacimiento de Cristo, hasta la coronación de la virgen en el cielo.

Los misterios se dividen en: misterios gozosos, dolorosos, gloriosos y luminosos.

- Los misterios gozosos se rezan: lunes y sábado.
- Los misterios dolorosos se rezan: martes y viernes.
- Los misterios gloriosos se rezan: miércoles y domingo.
- Los misterios novedosos de la luz, o misterios luminosos, se rezan los jueves.

El Papa Juan Pablo II proclamó el año del Santo Rosario y publicó una carta apostólica en la que añadió los nuevos cinco misterios acerca de la vida pública de Jesús. La fecha de publicación data del 16 de octubre del 2002.

Modo práctico para rezar el rosario

Para rezar el rosario completamente, se deben recitar una gran cantidad de oraciones, en las que no pueden faltar las solemnes letanías. En estos tiempos en que la vida es tan agitada y con tantos compromisos laborales, familiares, etc. Se hace la verdad, un poco difícil rezar un rosario completamente, no obstante, existe un modo práctico y sencillo de rezarlo.

Ejemplo para rezar el rosario

Si se trata de un día domingo, entonces se rezan los misterios gloriosos. Se inicia el rezo diciendo: "Este día se rezan los misterios gloriosos".

—Primer misterio: La Resurrección.
Se reza un Padre Nuestro, seguido por diez Ave Marías y posteriormente, la oración de Gloria al Padre.

—Segundo misterio: La Ascensión de Jesús al cielo.
Se reza un Padre Nuestro, diez Ave Marías y la oración de Gloria al Padre y así sucesivamente hasta que se finalice con el quinto misterio.

Tomará unos 25 minutos rezar el rosario de esta manera, pero aunque no se rece por completo, si sólo se reza un misterio, el cometido será cumplido, siempre que se haga con verdadera fe y especialmente, creyendo en lo que se está haciendo. Conforme se reza diariamente, el Santo Rosario se convierte en el remedio de los males, consuelo de las penas y solución para cualquier problema. De ello puedo dar fe y testimonio.

Misterios Gozosos

- La anunciación del ángel San Gabriel a la Virgen María. (San Lucas 1: 26–33, 38)
- La Visita de la Virgen María, a su prima Santa Isabel. (San Lucas 1: 39–45)
- El nacimiento de Jesús. (San Lucas 2: 6–12)
- La presentación de Jesús en el templo ante los sacerdotes. (San Lucas 2: 25–32)
- Jesús es perdido y hallado en el templo. (San Lucas 2: 41–50)

Misterios Dolorosos

- La oración de Jesús en el huerto de los Olivos. (San Lucas 22: 39–46)
- La flagelación. (San Marcos 15: 6–15)
- La coronación de espinas. (San Juan 19: 1–8)
- Jesús con la cruz a cuestas. (San Juan 19: 16–22)
- La crucifixión y muerte de Jesús. (San Juan 19: 25–30)

Misterios Gloriosos

- La resurrección de Jesucristo. (San Marcos 16: 1–7)
- La ascensión de Jesús al cielo. (San Lucas 24: 45–53)
- La venida del Espíritu Santo, sobre los apóstoles y la Virgen María. (Hechos 2: 1–7, 11)
- La asunción de la Virgen María al cielo. (San Lucas 1: 46–55)
- La coronación de la Virgen María como Reina del cielo y de la tierra. (Apocalipsis 12: 1, y Judit 13: 18–20)

Misterios Luminosos

- El Bautismo de Jesús. (Mateo 3: 13–17)
- El milagro en las bodas de Caná. (San Juan 2: 1–11)
- El anuncio del reino de Dios. (San Marcos 1: 14–15)
- La Transfiguración. (Mateo 17: 1–8)
- La Institución de la Eucaristía. (Mateo 26: 26–28)

Oraciones

Padre Nuestro

Padre nuestro, que estás en el cielo,
santificado sea tu nombre.
Venga a nosotros tu reino,
hágase tu voluntad,
así en la tierra como en el cielo.
Dadnos hoy nuestro pan de cada día,
perdona nuestras ofensas,
así como también nosotros perdonamos
a quienes nos ofenden.
No nos dejes caer en la tentación
y líbranos de todo mal.
Amén.

Ave María

Dios te salve María, llena eres de gracia,
el Señor es contigo,
bendita eres entre todas las mujeres,
y bendito es el fruto de tu vientre Jesús.
Santa María, madre de Dios,
ruega por nosotros los pecadores,
ahora y en la hora de nuestra muerte. Amén.

Gloria al Padre

Gloria al Padre,
Gloria al Hijo,
y Gloria al Espíritu Santo,
como era en un principio,
ahora y siempre por los siglos de los siglos,
Amén.

GLOSARIO

Abad. Título dado al superior de una abadía de monjes.

Advocación. Título que se le otorga a una iglesia o imagen del Señor, de la Santísima Virgen María, o de un santo, de acuerdo al misterio que representa. En España, en los países de América y en Las Filipinas, las advocaciones Marianas son numerosas y han fomentado desde hace siglos, el espíritu de devoción a la virgen.

Altísimo. Dios.

Altar. Monumento o piedra sobre los cuales se ofrecen sacrificios. En el Antiguo Testamento, la primer mención de un altar se encuentra en Génesis 8:20, cuando Noé después del diluvio, edificó un altar y ofreció sacrificios a Dios.

Arcángel. Nombre que se da a cierta jerarquía de ángeles, quienes son los mensajeros de Dios. La iglesia honra a tres arcángeles por su nombre: San Miguel, San Rafael y San Gabriel.

Basílica.

1. Tipo arquitectónico de iglesia del siglo IV, derivada de las salas romanas y originarias del Oriente.
2. Título honorífico de cinco iglesias romanas que tienen altares papales. A estas basílicas se les llama mayores o patriarcales.
3. Título honorífico dado a once iglesias romanas y a otras en el mundo, éstas son llamadas basílicas menores.

Beatificación. Acto que consiste en la declaración hecha por la autoridad eclesiástica competente, acerca de la santidad de un siervo de Dios. Cuando la santidad o martirio heroico de una persona han sido jurídicamente probados, entonces se procede a declararle beata y se le puede rendir tributo y culto público limitado. La beatificación es el segundo paso en el proceso jurídico mediante el cual una persona es declarada santa o canonizada.

Bendición. Decir y desear bien de uno a otro. Así la bendición dirigida a Dios es lo mismo que alabanza, adoración y acción de gracias.

Canonización. Proceso mediante el cual la iglesia, incluye públicamente a una persona en la lista de los santos. En los primeros siglos de nuestra era, la gran mayoría de los santos fueron canonizados por aclamación popular y no por medio del proceso formal. El proceso de canonización se hizo formal y exigido en el siglo XII.

Claustro. Se conoce como claustro a la parte cerrada de una casa religiosa, en la que nadie más que los religiosos de la orden o congregación puede entrar. En el claustro se restringe la entrada de extraños a una casa de religiosos y la libre salida de los religiosos de la misma casa. El objeto principal de un claustro y sus restricciones, es el de mantener el retiro religioso e impedir las distracciones mundanas innecesarias.

Clérigo. Aquel que ha recibido la primera tonsura y ha dedicado su vida al ministerio divino. El clérigo desempeña los deberes pertinentes de su oficio, vive una vida netamente cristiana y observa las reglas y disposiciones inherentes a su estado.

Devoción. Disposición del alma humana que consiste en una entrega absoluta a la voluntad divina, y en una tendencia espiritual hacia la unión perfecta con Dios, mediante la oración, la caridad y la fe, con el fin de alabarle y servirle.

Diácono. Ministro sagrado del nuevo testamento. Ministro eclesiástico de grado inmediatamente inferior al sacerdote.

Dogma. Verdad revelada por Dios y como tal, propuesta por la iglesia universal para creencia de los fieles.

Epifanía. Nombre de la fiesta que se celebra el 6 de enero y que conmemora tres manifestaciones de Jesucristo: La presencia de los reyes venidos del Oriente quienes le adoraron recién nacido. Cuando se manifestó a San Juan Bautista en el río Jordán. Y el primer milagro de su vida pública en las bodas de Caná. (En griego Epifanía significa manifestación).

Escapulario. Objeto de piedad y devoción religiosa, compuesto por dos trozos de tela reunidos con cintas y se lleva colgado en el pecho y la espalda como símbolo de fe.

Estigma. Fenómeno que consiste en la aparición en el cuerpo humano de heridas y cicatrices, que corresponden a las heridas que recibió Jesucristo durante su pasión. Incluyen las huellas de los clavos en los pies y en las manos, la herida del costado y la marca de las espinas en la frente. En algunos casos reportados, las heridas en los estigmatizados se mantienen abiertas y sangran especialmente los días viernes. Entre los casos más célebres de estigmatización figuran San Francisco de Asís y Santa Catalina de Sena.

Fe. La fe teológica es la adhesión del intelecto, bajo el influjo de la gracia, a una verdad revelada, no por su razón de su evidencia intrínseca, sino basándose en la autoridad de Dios.

Flagelación. Suplicio que consiste en golpear a la víctima con un azote de tiras de cuero, llamado en latín "flagellum". Jesús fue sometido a la flagelación según la costumbre romana, que era mucho más bárbara y terrible que la de la ley mosaica.

Herejía. Yerro por el cual el creyente, a pesar de haber recibido la verdadera fe y seguir llamándose cristiano, niega o pone en duda alguna verdad revelada por Dios y como tal enseñada por la iglesia.

Hermano Lego. Término que tiene el mismo significado de la palabra "Laico", pero en algunas comunidades religiosas se aplica a los hermanos legos y hermanas legas, para diferenciarlos de hermanos y hermanas a quienes incumbe el "servicio de coro". Los hermanos legos, generalmente atienden los quehaceres domésticos de la comunidad.

Laico. Palabra derivada del griego laós, que significa pueblo. Por laico se entiende a toda persona que no ha recibido la tonsura ni alguna de las órdenes mayores o menores, es decir, aquel que no es un clérigo.

Letanías. Oración que consiste en una serie de súplicas que se recitan en la iglesia, entre el sacerdote y sus fieles. Las letanías que son aprobadas para recitarse en público son: las letanías de la virgen, también llamadas Lauretanas; las de los santos, las letanías del Santo Nombre de Jesús, las letanías del Sagrado Corazón y las letanías de San José.

Milagro. Hecho extraordinario, por encima de las leyes y del orden de la naturaleza, obrado por intervención directa de Dios. Dichas intervenciones extraordinarias, manifiestan el poder ilimitado del Creador, convencen a los hombres de su providencia amorosa hacia ellos y prueban el origen sobrenatural de las verdades reveladas por el Todopoderoso.

Maristas. Designación con que se conocen los miembros de dos congregaciones religiosas. La primera es conocida como Hermanos Maristas, que consiste en un instituto laical fundado en 1817 por San Marcelino Champagnat en Francia. La segunda es la Sociedad de María, fundada en Belley en 1825 por el venerable J.Colin.

Misericordia. Efluvio del amor de Dios hacia la debilidad o desdicha de sus criaturas.

Misterio. En la Biblia la palabra misterio se refiere a los hechos sobrenaturales acerca del reino de Dios (Mateo 13:11), o la salvación del mundo por medio de Jesucristo. (Colosenses 1:26)

Monasterio. Casa de un grupo de religiosos que recitan el oficio divino en común y que viven en reclusión. Para que un monasterio pueda ser establecido, debe contar al menos con una docena de religiosos.

Novena. Devoción practicada durante nueve días seguidos por alguna intención especial. La práctica de novenas puede remontarse al siglo III de nuestra era.

Omnipotente. Atributo de Dios que se refiere a su poder de hacer todas las cosas por un acto de libre de su voluntad, sin la ayuda de otro ser o instrumento. Omnipotente y Todopoderoso se aplican indistintamente a Dios.

Omnipresente. Atributo de Dios con que se denota su presencia en todos los lugares y cosas. Es verdad revelada, y puede ser probada por la misma razón humana, como consecuencia de la infinidad de Dios.

Omnisciente. Atributo de Dios que indica su poder de saber todas las cosas, pasadas, presentes y futuras, tanto en sí mismo como en todas las criaturas. Este conocimiento de sus criaturas, comprende todas las actividades, incluso los pensamientos más profundos y secretos de las mismas.

Oración. Elevación de la mente y del corazón a Dios. La primera mención del Antiguo Testamento acerca de una oración, se hace cuando Enós, comenzó a invocar el nombre del Señor (Génesis 4:26)

Patronos. Se les llama Patronos, a un santo o advocación de la Virgen María, que por tradición o legítima elección, se venera con culto especial como el protector de un país, ciudad, villa, asociación, gremio, o de una persona la recibir el Bautismo o la Confirmación. También como auxiliadores de un determinado estado de la vida de los fieles como : profesión, oficio, condición de salud, viajes, etc.

Peregrinación. Viaje a un lugar santo o santuario religioso. Las peregrinaciones se hacen para fortalecer la fe, o la piedad de los fieles; para cumplir una promesa; para pedir por un milagro o favor religioso, o para cumplir una penitencia. Los centros de peregrinación más concurridos en el mundo son denominados "Lugares Santos".

Procesión. Una procesión tiene lugar cuando un grupo de clero y otro de fieles creyentes caminan juntos para tributar públicamente un homenaje a Dios, a la Virgen María o a algún santo, agradeciéndole sus bendiciones o implorando por su asistencia y patrocinio.

Romería. Viaje o peregrinación que se hace por devoción a un santuario.

Rosario. Devoción que consiste en rezar una serie de un Padrenuestro, diez Avemarías y un Gloria al Padre por cinco veces, meditando al mismo tiempo los misterios más importantes de la vida de Jesús y la Virgen María. El rosario completo consiste en una sarta de ciento cincuenta cuentas, divididas en quince décadas o grupos de diez cuentas cada uno. Las cuentas están separadas por una cuenta mayor o distinta. Adheridas al mismo cordón o cadena, se encuentran otras cinco cuentas y un crucifijo. Así es un rosario completo. En la actualidad, el rosario detenta solamente cinco décadas, o sea, la tercera parte del rosario original.

Salesianos. Miembros de la Pía Sociedad Salesiana fundada por San Juan Bosco, bajo la protección de María Auxiliadora en 1859. Oficialmente conocida como la Sociedad de San Francisco de Sales, que fue aprobada por la Santa Sede en 1864.

Sanedrín. Se refiere al consejo y tribunal supremo de los judíos.

Santo. Todas las personas que ahora están en el cielo, sean o no canonizadas y que forman la iglesia triunfante, y reciben culto colectivo en el Día de Todos los Santos, 1° de noviembre. En las epístolas, los apóstoles frecuentemente mencionan como "Santos" a los primeros fieles cristianos. También se les llama santos, a personas ya fallecidas, cuya santidad ha sido puesta a prueba y ha sido reconocida por la iglesia, y por ello son consideradas, dignas de ser veneradas en público.

Santuario. Sitio en donde se rinde culto a imágenes o reliquias que son ampliamente veneradas por la Iglesia y los creyentes en la fe católica.

Servitas. También conocidos como Siervos de María, es una orden religiosa fundada en 1233 por siete mercaderes florentinos, especialmente devotos de la Virgen María, quienes renunciaron al mundo para fundar una institución mariana de carácter cenobítico.

Tonsura.

1. Corte ritual del cabello por el cual el seglar se vuelve clérigo.
2. Corte del cabello en una porción de la cabeza.

Venerable. Título que se le da al candidato para la beatificación, en el caso que la Santa Sede, considere que sus virtudes son heroicas. La declaración oficial de que a una persona se le considere venerable es una etapa en el proceso de beatificación, pero la que aún no autoriza su culto público.

Veneración. Culto que se le rinde a Dios, a Jesucristo, a la Virgen María, a los santos y a las cosas consideradas sagradas. Toda veneración corresponde únicamente a Dios, pero se le puede venerar por medio de la virgen, por su maternidad divina; por medio de Jesús, su hijo, o por medio de los santos, pues él les enriqueció de virtudes piadosas y heroicas. Las imágenes y reliquias se veneran, no por sí mismas, sino, por lo que representan.

Vigilia. Días que preceden a las festividades religiosos. En latín *vigilia*, significa guardia, y se refiere a los servicios religiosos a los que asistían los primeros cristianos, quienes esperaban durante toda la noche para celebrar una fiesta religiosa. Con frecuencia las vigilias, también son interpretadas como el renunciar a las horas de sueño para dedicarlas a la oración y alabanza a Dios.

BIBLIOGRAFÍA

—La Iglesia de Jesucristo de los Santos de los Últimos Días. *El Libro de Mormón,* Salt Lake City, UT, 1992

—Straubinger, Juan. Monseñor. *La Sagrada Biblia,* The Catholic Press, Chicago, 1969.

—Kirkwood, Annie, *Mary's Messages to the World.* G.P. Putman's Sons, New York, 1991.

—Riva, Anna. *Devotion to the Saints.* International Imports, Los Angeles, 1998.

Sitios en la Internet

—www.aciprensa.com

—www.Biblia.com

—www.es.catholic.net/

—www.churchforum.com

Bibliografía

—www.devocionario.com
—www.directoriocatolico.com
—www.iglesia.org
—www.oremosjuntos.com
—www.sagradoweb.com

SANTOS ADICIONALES

San Jerónimo

San Benedicto

Correspondencia al autor

Para contactar o escribirle al autor, o para mayor información sobre este libro, envíe su correspondencia a Llewellyn Español para serle remitida al mismo. La casa editorial y el autor agradecen su interés y sus comentarios sobre la lectura de este libro y sus beneficios obtenidos. Llewellyn Español no garantiza que todas las cartas enviadas serán contestadas, pero le asegura que serán remitidas al autor.

Mario Jiménez Castillo
℅ Llewellyn Worldwide
2143 Wooddale Drive, Dept. 978-0-7387-1281-9
Woodbury, MN 55125-2989 U.S.A.

Incluya un sobre estampillado con su dirección y $US 1.00 para cubrir costos de correo. Fuera de los Estados Unidos incluya el cupón de correo internacional.

Muchos autores de Llewellyn poseen páginas en Internet con información adicional. Para mayor información, visite nuestra página:

http://www.llewellynespanol.com